AF206253

Für die zahlreiche Unterstützung die zur Entstehung dieses Buches geführt hat, möchte ich mich bedanken bei:

Verwaiste Eltern e.V.

Frau Christiane Müller (Testlesung)

Belletristica, Belle (Testlesung)

und ganz im Besonderen

meiner Frau Ilka Gehrmann

Impressum:

Autor: Markus Don Alfred Gehrmann
Auflage: 1
Geschrieben: (c) ab Januar 2017

Herstellung/Verlag: BoD - Books on Demand
In de Tarpen 42
22848 Norderstedt
Deutschland

Buchtitel: Ihr erster und ihr letztet Tag
- Ein Leben in nur 20 Minuten -
ISBN-Nr.:   9783746028408

9 783746 028408

Markus Don Alfred Gehrmann

IHR ERSTER UND IHR LETZTER TAG

– EIN LEBEN IN NUR 20 MINUTEN –

IHR ERSTER UND IHR LETZTER TAG

- EIN LEBEN IN NUR 20 MINUTEN -

geschrieben
nach einer wahren Begebenheit

von

Markus Don Alfred Gehrmann
(01.08.2017)

Alle Illustrationen, Fotos als auch der vollständige Text ist erdacht, geschrieben, fotografiert und bearbeitet sowie gezeichnet von Markus Don Alfred Gehrmann.

Dieses Buch entstand in der Zeit von 2015 bis 2017 als Zweites Werk der eigentlichen Geschichte die in einem früheren Buch mit dem Titel "Von hier nach dort, in nur einem kurzen Augenblick" erschienen ist. Dieses Buch hatte lediglich den kleinen Anspruch das Erlebte in einer Art Musical in Buchform darzustellen.

Das hier vorliegende Buch ist eine Erweiterung und Ergänzung. Es ist die Erzählung einer Geschichte mit dem Ansatz und Hintergrund gleich gesinnten eine Stütze zu sein und gewisse Gedanken zu erläutern.

Für jedes einzelne Kapitel ist ein klassisches Musikstück zur Untermalung ausgewählt. Ziel der Musik ist es das einzelne Kapitel in seiner Szene zu unterstreichen und so dem Leser ein intensiveres Leseerlebnis zu bescheren. Eine Liste der einzelnen ausgewählten Stücke gibt es im hinteren Teil des Buches.

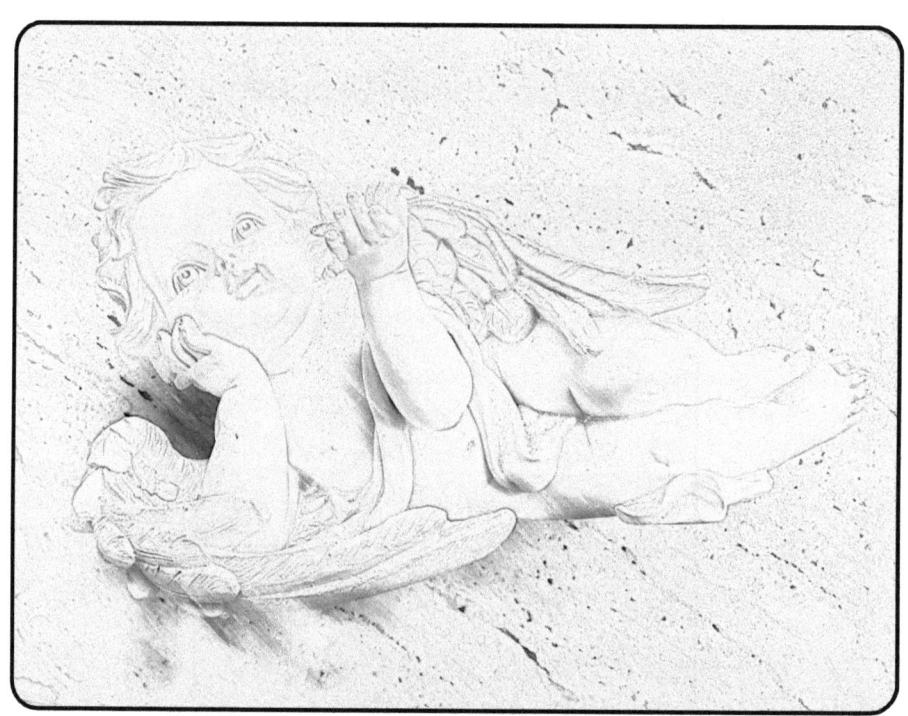

INHALTSVERZEICHNIS

Liebe Leserin,
lieber Leser,

zunächste möchte ich mich bei Ihnen für den Kauf dieses Buches bedanken. Sie werden für Sich sicherlich einen triftigen Grund haben weshalb Sie sich dafür entschieden haben.

Der Kern dieses Buches bezieht sich auf eine wahre Begebenheit die ich selbst erfahren und erleben durfte oder musste. Meiner Ansicht nach hat alles was wir erleben einen Grund auch wenn sich uns dieser nicht unbedingt immer erschließt und wir auch keine Antwort auf die Frage danach erhalten was das nun gerade soll.

Die Aufgabe besteht darin sich mit der Sache an sich vertraut zumachen, zu erkennen das man nichts tun kann außer eine Situation geduldig hinzunehmen, zu akzeptieren und vor allem loszulassen. Es gibt viele Situationen die prägend dieser Definition sein können. Doch in der Natur des Menschen liegt es nicht gewisse Dinge akzeptieren zu wollen. Und genau das gilt es zu lernen.

Egal ob Sie dieses Buch für Sich oder für jemand anderen als Geschenk gekauft haben. So hoffe ich das es Ihnen nicht nur gefällt und Sie damit etwas anfangen können, sondern wenn ich Sie berühren konnte wenn Ihnen die Möglichkeiten der Hilfestellung die ich mit diesem Buch versuche Ihnen an die Hand zulegen ausreichend für Sie ist und Sie ein stückweit besser mit Ihrer Trauer umgehen können, dann habe ich mein Ziel erreicht.

Nun wünsche ich Ihnen eine gute Unterhaltung und ein intensives Erlebnis mit diesem Buch.

Ihr

Markus Don Alfred Gehrmann

Prolog

Trauer ist eine der stärksten emotionalen Emfpindungen die ein Mensch durch- und vor allem erleben kann. Dieses Buch mit seinen Geschichten kann und soll also dem Thema **Trauer-, bzw. Trauerbewältigung** zugeordnet werden. Während der Trauerbewältigung durchlebt man verschiedene Phasen des Trauerns. Und jeder Mensch empfindet das für sich etwas anders. Doch es gibt gewisse Charackteristika die bei jedem auftreten. Bei dem einen dauert es etwas länger und ein anderer ist schneller mit der Verarbeitung durch. Grundsätzlich lautet meine persönliche Empfehlung jedoch nichts zu verdrängen sondern alles gelassen zuzulassen um wieder frei in Körper und Geist für anderes, für neues zu sein. Dazu gehört viel Mut, Zeit und Geduld vor allem mit sich selbst.

Nach meinen erlebten Erfahrungen teilen sich die Phasen auf in Starke emotionale Traurigkeit, dann kommen die Fragen des Selbszweifels, die klassischen Warum-Fragen und was habe ich falsch gemacht, was hätte ich anders oder besser tun können oder auch habe ich etwas übersehen? Nachdem man auf all diese Fragen keine Antwort finden wird, aktiviert sich die Phase der Wut in der wir als betroffener lauthals innerlich schreiend das anklagen, was wir gern als Gott bezeichnen. So merkwürdig es ist und selbst wenn Sie jemand sind der nicht glaubt, dann wird sie die Trauer des Verlustes eines geliebten Menschen mit bedingungsloser Härte eines anderen belehren. Meine feste Überzeugung ist es, das jeder Mensch an irgend etwas glaubt. Denn ohne Glaube ist der Mensch nichts. Der Glaube ist der Antrieb des menschlichen Denkens und Handelns. Wer also von sich aus sagt er glaube an nichts. Lügt sich selbst an und hat im Hinterkopf lediglich die unterschiedlichen Religionen die er mit Glauben in Verbindung bringt. Doch Glaube an sich ist noch soviel mehr. Die Religion die vermeintlich darüber gestülpt wird ist nichts anderes als eine Art Regenmantel bei starkem Regen den man durchaus ablegen kann.

Nach der Phase der Wut, stellt sich langsam aber sicher die Phase des Abstandes und der Gelassenheit ein. Mancheiner versinkt dann an dieser Stelle auch gern im Zünismus und Sarkasmus der stetig verbal bei allen Situationen und Gesprächen zum Ausdruck kommt. Schafft man es diese langanhaltende Phase zu überstehen, dann und erst dann kommt man in die Phase der Ernüchterung, der Erlösung und Vergebung vor sich selbst. Erst an diesem Punkt angelangt, beginnt ein neues Leben und vieles wird sich verändern, wird anders sein als es bis dahin wahr. Denn das durchleben und Aufarbeiten der Trauer macht was mit der Seele eines Menschen. Es lenkt den Blick auf das Wesentliche, auf das was wirklich wichtig ist und man fängt mehr an zu differenzieren.

Was ganz wichtig dabei ist, ist die Ehrlichkeit zum eigenen selbst. In sich hinein horchen und auf das berümte Bauchgefühl hören, jeden Tag sich bewust wahr zumachen hat mir sehr geholfen. Es gibt reichlich Hilfsmöglichkeiten um seine Trauer, wie auch immer geartet und wodurch auch immer diese ausgelöst ist. Meistens jedoch nachdem Verlust eines geliebten Menschen zu bearbeiten und zu überstehen. Die Hilfe die man angeboten bekommt sollte man allerdings auch annehmen können und wollen. Es wird hilfreich sein.

Dieses Buch ist in mehrere Teile bzw. Abschnitte aufgebaut. Es beginnt mit dieser Erklärung und beschreibt das Ziel dieses Buches. Dann folgt die Hauptgeschichte des Interviews zweier Personen. Im dritten Teil wird eine Geschichte erzählt in der jedes Kapitel eine musikalische Untermahlung erfährt um die Szenerie erlebbar und greifbar zumachen. Wer an dieser Stelle zu sensibel ist, kann und sollte dann vielleicht die Musik zunächst weglassen und das Buch als solches erst einmal lesen. Die Musik kann dann später separat oder bei einem zweiten Lesen dazugenommen werden.

Abschließend folgen dann noch Hinweise und Tips um die Trauer aktiv zu bekämpfen und zu verarbeiten, die mir persönlich gut geholfen haben. Schlußendlich gibt es dann noch Anlagen wie zum Beispiel eine Titelliste, Empfehlung der CD Kompilationen auf der die hier benannten Stücke enthalten sind da es mir nicht vergönnt ist, diesem Buch Audio-CD´s auf Grund der sehr komplizierten Rechtevergabe beizulegen.

Es folgend noch weitere Informationen.

Der Beginn

„Mein Kind ist tod." sprach es ruhig und gelassen, mit düster warmer Stimme aus einem kräftig gebauten Mann heraus, der in einem großen dunkelbraunen lederbezogenen Ohrensessel saß, einen kräftigen Zug aus seiner Pfeife nahm und eine Wolke des verbrannten Tabaks in völliger Ruhe und Gelassenheit ausblies. Ihm gegenüber in einem eben solchen Sessel saß ein anderer Mann der die Elbögen auf die Sessellehnen stützte und seine Hände in Höhe seines Kinns vor seinem Gesicht gedankenvoll zueinander führte. In seinem Schoß lag ein Schreibblock mit einem Kugelschreiber auf dem bislang nur geschrieben Stand: „Der Namenlose, Freitag 08:00 Uhr". Augenscheinlich war das eine Notiz zu einem anstehenden Termin. Zu diesem Termin und was er hier sollte, wusste er noch nicht. Er ist in seiner Funktion als Journalist herbestellt worden mit den Worten: "Ich habe eine Geschichte für Sie, die Sie aufbereitet veröffentlichen sollen.". Nicht das er auf jede Geschichte angewiesen war. Doch gerade diese eher nichts sagenden Aufträge schürten seine Neugier und das Interesse. Denn gerade aus diesen Geschichten konnte sich später unheimlich viel ergeben. Und nun sitzt er hier und schaut seinem Gastgeber offen und erwartungsvoll entgegen.

„Ihr Todestag, war zu gleich Ihr Geburtstag und Sie hat nur wenige Minuten gelebt." Führte der Namenlose fort. „Sie sagen Ihr Todestag, dann haben Sie eine Tochter und keinen Sohn gehabt ?" ertönte eine spontane Nachfrage um konkrete und wahre Informationen auf seinem Schreibblock zu notieren. „Ja, in der Tat. Ich habe eine Tochter." erwiderte der Namenlose bestimmt und warf seinem Gesprächspartner einen ernsten Blick zu während ihm ein erneuter Rauchausstoß folgte. „Nur weil meine Tochter nicht um mich herum tollt und Sie sie nicht sehen oder wahrnehmen, heißt es nicht, das ich sie nicht habe. Meine Tochter ist allgegenwärtig, ganz gleich ob Sie sie sehen oder nicht.". "Bitte entschuldigen Sie, ich wollte Sie nicht verärgern. Also gut, Sie haben eine Tochter." erwiderte beschwichtigend der Herr, der dem Namenlosen gegenüber saß und nervös auf seinem Schreibblock herum kritzelte.

„Wenn mir die Frage gestattet ist, dann darf ich vielleicht fragen wie langen es nun her ist, das Ihre Tochter gestorben ist ?". „Sie dürfen.", entgegnet der Namenlose. „Inzwischen sind es über vier Jahre. Sie erblickte das Licht der Welt genau am 12. Oktober und schloss an diesem Tage Ihre Augen für immer." entkam es ihm leise und ruhig aus seinem Mund. Sein Gast, der Herr der ihm gegenüber saß, notierte gedankenvoll die Ausführungen die ihm entgegen gebracht wurden.

„Sagen Sie, aus welchem Grund haben Sie mich eigentlich herbestellt und aus welchem Grunde möchten Sie mir Ihre Geschichte erzählen ?". Der Gast blickt auf und ließ seinen Kugelschreiber zwischen seinen Fingern wippen als er diese Frage an den Namenlosen, der erneut einen großen Zug aus seiner Pfeife nahm und den Rauch nach oben fort blies stellte. „Nun..." sagte der Namenlose „... nennen Sie es eine Therapie, eine Form von Verarbeitung des Erlebten, Langeweile oder einfach nur Mitteilung. Ganz gleich wie Sie es nennen, es spielt keine Rolle." sprach er und blickte seinem Gast erwartungsvoll ob seiner nun folgenden Reaktion gespannt an. „Mmhh, nun gut." und er notierte sich wieder einige Schlagwörter auf seinem Schreibblock. „Was ist denn das Ziel unseres Gespräches, worauf möchten Sie hinaus ?" stellte der Gast eine erneute Frage. „Das bleibt ganz allein Ihnen überlassen was Sie daraus machen. Ich habe Sie hergebeten da Ihnen der Ruf voraus eilt ein guter Zuhörer und Schreiberling zu sein.". „Schreiberling ? So sehen Sie mich also." sagte der Gast mit einem leichten Ton der Enttäuschung. „Nun ja, mir viel gerade nichts besseres ein. Bitte entschuldigen Sie, wenn ich Sie beleidigt haben sollte.". „Beleidigt gerade nicht. Doch schön ist diese Bezeichnung dennoch nicht. Aber gut, ich nehme Ihre Entschuldigung an.", sagte der Gast mit einem kleinen Lächeln im Gesicht und deutet dem Namenlosen an fortzufahren mit der Erzählung seiner Geschichte. Der Namenlose nickte bestätigend zog erneut an seiner Pfeife, runzelte seine Stirn gedankenvoll die inzwischen tiefe Linien aufwies.

Der Raum in dem beide saßen ist in recht dunklen und warmen Farbtönen gehalten. Sehr alte rustikale und massive Holzmöbel füllten den Raum. Angefangen von einem großzügigem Schreibtisch, hohen Schränken die mit Büchern und allerlei anderer Reliquien angereichert sind bis zu einer gemütlich anmutenden Sitzecke mit lederbezogenen Ohrensesseln und kleinen Beistelltischen. Außerhalb dieses Zimmers schien ein sonniger Tag für Wohlsein zu sorgen. Durch die großen Fenster schickte die Sonne Ihre heller werdenden Sonnenstrahlen hinein während nur wenige kleine Schäfchenwolken am Himmel vorbei zogen. Direkt vor den Fenstern des Raumes in dem der Namenlose mit seinem Gast saß, erstreckte sich eine Terrasse auf der entsprechende Gartensitzmöbel und ein Tisch standen mit Blick auf einen großen erfrischend wirkenden See.

„Nun, wollen Sie mir erzählen wie sich alles zugetragen hat. Ich werde mir zwischendurch Notizen machen. Was dann Schluss endlich dabei herauskommt, werden wir dann sehen.", führte der Gast an, setzte sich aufrecht in den Sessel, brachte sich in eine bequeme Position und wartet nun gebannt erwartungsvoll auf die Ausführungen des Namenlosen seiner Geschichte. „Einverstanden." antwortete der Namenlose und blies eine große graue Wolke des verrauchten Pfeifentabaks in die Luft, welcher sehr aromatisch nach intensiver Vanille duftete.

„Es geschah, ..." begann er „vor ungefähr sechs Jahren, als ich eine Bekannte aus vergangenen Schultagen wieder traf. Wir hatten zunächst nur sporadisch Kontakt und sprachen gelegentlich über das Jahr verteilt vereinzelt über dies und das. Die Technologie der Telefonentwicklung war zu der Zeit bereits sehr weit fortgeschritten und so konnte man damals schon deutlich mehr mit diesen kleinen Geräten tun als nur und ausschließlich zu telefonieren.". Der Gast notierte eifrig auf seinem Schreibblock während er den Ausführungen des Namenlosen interessiert lauschte. „Ja und was passierte dann ?" fragte er. „Gemach, gemach ... eines Tages erhielt ich eine so genannte SMS, eine Kurzmitteilung über mein kleines Telefon aus der hervorging, das meine Bekannte und ehemalige Freundin aus früheren Schultagen wieder frei wäre und nun tun und lassen könne, was immer Sie wolle. Da ich zu dieser Zeit nicht leiert und somit ebenfalls frei war, hab ich so bei mir gedacht - warum eigentlich nicht. Wer hätte denn je geglaubt das daraus dann deutlich mehr werden würde und dann auch noch in so kurzer Zeit.". Der Namenlose zog einmal mehr kräftig an seiner Pfeife und schien es wahrlich zu genießen, diese Ruhe, diese Stille und unberührte zeitlose Gemütlichkeit. „Natürlich haben wir uns häufiger getroffen. Ich weis noch wie ich ursprünglich vor hatte an einem Freitagabend in den Irish Pub gehen zu wollen um ein kühles Guinnes bei guter irischer Livemusik zu trinken. Das hat dann nicht geklappt und ich warf meine damalige an sich gute Idee in einen Irish Pub zu gehen über den Haufen. Der Grund war, das ich mit meiner Bekannten telefonierte und Sie mich überredete an diesem Abend zu Ihr zu kommen um den Abend gemeinsam bei einem netten Plausch zu verleben. Nun, gesagt, getan. Ich fuhr also statt ein kühles Guinnes zu trinken zu Ihr und wir hatten einen unterhaltsamen Abend. Wobei ich Sie dann morgens gegen 03:00 Uhr verließ und nach Hause fuhr. Es war eine angenehm kühle Nacht. Die Straßen waren leer und ich konnte in Ruhe und Gemütlichkeit heimwärts fahren. An den darauf folgenden Tagen haben wir täglich telefoniert und ich lud Sie zu mir ein. Eine ganze Woche lang hat Sie zu der Zeit bei mir gelebt. Zwischenzeitlich haben wir probiert wie das mit dem Tanzen zwischen uns so funktioniert und fortan sind wir nahezu wöchentlich zum Tanztee in namhaften Tanzschulen gegangen um sehr schöne gemeinsame Stunden und Zeit zu zweit zu verleben. Oftmals waren wir bis auf die Knochen nass geschwitzt. Denn mit mir zu tanzen heißt nicht einfach nur mal auf dem Parkett zu schwofen sondern wenn mich mein Ehrgeiz wieder packt dann hole ich die Trainingseinheiten aus den Tiefen meines Selbst wieder heraus und achte auf Haltung, Technik, ergänze die Tanzschritte und tanze ausladend. Meine Bekannte war darauf zunächst nicht eingestellt, doch das änderte sich sehr rasch. Je mehr wir gemeinsam unternahmen und tanzten, desto näher kamen wir uns. Und so besuchten wir uns gegenseitig über einen längeren Zeitraum abwechselnd. Ein Jahr später dann stellten wir gemeinsam fest, das man doch gemeinsam mehr wollte und so definierten wir den 20. August als unseren neuen Kennlerntag, den wir bis heute jährlich klein für uns feiern. Natürlich ist nicht immer alles glatt gegangen auch wir haben und hatten wie in jeder anderen Beziehung auch Streitigkeiten die mal etwas turbulenter sind. Allerdings, sind die Wogen innerhalb kürzester Zeit geglättet.

Der Namenlose setzte sich ein wenig anders in seinen Sessel und schlug die Beine über einander bevor er mit den Erzählungen seiner Geschichte fort fuhr. „Wissen Sie,..." sagte der Namenlose und lies eine kleine graue Wolke aus seinem Mundwinkel entweichen. „...nach einer Weile geschah es, das ich derjenige war, der aus seiner eigenen Wohnung auszog und immer häufiger bei Ihr einzog. Es gab Wochen, in denen ich nur mal kurz nach Hause fuhr um nach dem Rechten zu sehen, die Post zu sortieren und gelegentlich etwas aufräumte. Die Meiste Zeit war ich inzwischen woanders.". Der Gast räusperte sich und erwiderte: "Ja aber war das nicht auffällig, für Ihre Nachbarn, haben die Sie denn gar nicht vermisst ?". „Doch doch, zumindest wurde ich darauf hin angesprochen wenn man sich gerade im Treppenhaus mal wieder traf. Mit dem einen oder anderen hatte ich stets einen guten Kontakt und niemals wirklichen Ärger. Meinungsverschiedenheiten ganz bestimmt aber niemals Ärger. Selbst dann nicht als ich mir ein elektronisches Schlagzeug kaufte und beharrlich darauf einschlug um zu üben als ich gute alte Rockmusik hörte.". Mit einem verschmitztem Lächeln hob der Gast seine Stimme und sagte schließlich: "Sicher, das kann ich mir sehr gut vorstellen. Das muss sich ja wie ein Kugelhagel angehört haben. Bestimmt war so mancher Ihrer damaligen Nachbarn nicht gerade besonders glücklich über den Umstand das sich nun ein musizierender Trommler in ihrem Hauseingang befindet und dann auch noch wahrlich für Trommelwirbel sorgte.". Beide lachten laut und herzhaft. „Nein bestimmt nicht, doch wir konnten uns auf bestimmte Zeiten verständigen. Auch das lies dann nach und nach ab, da ich ja inzwischen kaum noch zu Hause war.". Nachdenklich und mit einem Hauch von Wehmut sagte der Namenlose leise, fast so zu sich selbst gesprochen: "Zu Hause ... was ist das eigentlich ? Wo, ist das eigentlich ? Bin ich denn irgendwo zu Hause ?". Ein kräftiger Zug aus seiner Pfeife gab diesen Worten eine langanhaltende Pause und Ruhe zu wirken. Das Lachen beider war inzwischen vollkommen verstummt und so zog als sich allein bewegendes Etwas lediglich eine Rauchschwade durch die Luft, die Stück um Stück immer ein bisschen weiter der Decke empor stieg und sich bis zur Unkenntlichkeit im Raum verteilte. „Nun, zu Hause,... das ist dort, wo man sich wohlfühlt, habe ich immer geglaubt.", sagte der Gast. „Wo man sich wohlfühlt... glauben Sie das man sich zu gleichen Teilen an unterschiedlichen Orten Wohlfühlen kann und zu Hause ist ? Glauben Sie nicht das man dann eher innerlich zerrissen ist und im Grunde gar nicht mehr weis wer und wo man ist ?!". Der Klang seiner Stimme des Namenlose wurde rauer, laut und impulsiv, ja fast schon schroff als er diese Worte aus seinem Mund in den Raum entließ. Seine Augenbrauen schoben sich dabei düster über seine starren und fast schon blitzenden Augen wobei er seinen Gast direkt anstarrte. Sein Gast erschrak einwenig und drückte sich in die hinterletzte Ecke seines großen ledernen Ohrensessels, während sich seine beiden Hände mit großen Mühen an den Armlehnen festhielten. Vor Schreck rutschte ihm sein Schreibblock aus dem Schoß und blieb vor seinen Füssen auf dem Dielenboden liegen. Einzig das leise protestierende Klötern des Kugelschreibers unterbrach die unheimliche Stille in diesem Moment.

„Sie haben etwas verloren.", sagte der Namenlose trocken, nahezu regungslos und wartete darauf, das sich sein Gast aus seiner Schreckensstarre löste um seinen Schreibblock als auch seinen Kugelschreiber wieder aufzuheben. „Ja, ja, gewiss doch." stotterte sein Gast mit einem leichten Zittern in seiner Stimme und griff nach beiden am Boden liegenden Gegenständen ohne seine Augen von denen des Namenlosen abzuwenden. Der Namenlose hingegen lies seinen Blick, denn es war nur ein einziger eindrucksvoller Blick ohne zu zwinkern den Bewegungen seines Gastes folgen. „Was haben Sie denn werter Herr ? Sie sehen ein wenig ... erschreckt aus.", sprach der Namenlose mit einem winzigen kaum wahrzunehmenden Grinsen in seinen Mundwinkeln. „Also, wo waren wir stehen geblieben ?" und der Namenlose tippte mit seinen Fingern auf der Armlehne der freien Hand, während die andere die Pfeife hielt an der er erneut genüsslich zog.

Sein Gast schaute sich die letzten Zeilen seiner Aufzeichnungen an, bis er zu der Zeile kam, in der das Wörtchen „zu Hause" stand und murmelte nur noch „... das überspringen wir...".

„Möchten Sie vielleicht einen Schluck trinken ?", fragte der Namenlosen seinen Gast, während er selbst aufstand und gemütlich zu seinem aus Kirschholz bestehenden Rolltischchen ging auf dem zwei edel geschliffene Gläser als auch eine besonders elegant verarbeitet Glaskaraffe standen. In jedes Glas, goss er gute zwei Finger breit eine gelb goldene Flüssigkeit mit einem sehr feinen, zart an Honig und Holz erinnerndes Aroma ein. Mit je einem Glas in einer Hand ging der Namenlose nun wieder auf die beiden Ohrensessel zu. Er beugte sich seinen Gast entgegen und überreichte ihm eines der beiden Gläser als er unmittelbar vor ihm stand zur Beruhigung an. Zögernd erhob sein Gast seinen Arm in Richtung des Glases, umschloss es mit seinen Fingern und ohne den Blick vom Namenlosen zu wenden zog er es langsam zu sich heran. Der Namenlose sagte kurz:" Bitte, es wird Ihnen wohl tun." wich ein zwei schritte zurück und setzte sich ihm gegenüber in seinen eigenen Sessel. „Zum Wohl und, besten Dank." sprach sein Gast während er sein Glas zum Wohle und Gruße anhob, kurz daran roch und schließlich einen Schluck daraus nahm. Der Gast schloss seine Augen um das Aroma dieser Flüssigkeit vollkommen zu erschließen. Er schluckte nicht gleich alles hinunter sondern ließ die Flüssigkeit in die verschiedenen Ecken und Winkel seiner Zunge und seines Rachens fließen, um auch hier die Vollkommenheit des Geschmacks des edlen Getränks in seiner vollen Gänze sinnlich zu erfassen. Auch wenn es nur Bruchteile von Sekunden waren die er mit dieser Analyse verbrachte, so schien es ihm eine Ewigkeit zu sein. Was er jedoch nicht mitbekam war, das der Namenlose genau das alles an ihm registriert hat. Er hat gesehen, das sich sein Gast über diesen Tropfen zu freuen schien, ihn wahrlich genoss und fragte dann in einem warmen und beherzten Tone: "Na, mir scheint Sie wissen ein gutes Tröpfchen wohl zu schätzen." und lächelte dabei ganz leise und unaufdringlich. „In der Tat mein Herr, es bietet sich mir nicht jeden Tag die Gelegenheit etwas derart köstliches verkosten zu dürfen." und nippte erneut an seinem Glas. „Sehr schön, sehr schön." entgegnete der Namenlose und schickte sich an, seine Erzählungen um einige kleine Nuancen zu erweitern.

Inzwischen war es später Morgen, so ungefähr gegen zehn Uhr. An einer Wand am anderen Ende des Raumes schlug sachte und nur sehr leise hörbar eine aus massiven dunklen Holze bestehende Standuhr ganze zehnmal in regelmäßigen Abständen. Der Gast schaut aus den Augenwinkeln in die Richtung aus der diese Glockenschläge zu kommen schienen, taxierte die Standuhr und kniff die Augen zusammen um das Ziffernblatt lesen zu können auf der zwei fein gearbeitete Zeiger die aktuelle Uhrzeit darstellten. Nachdem die Pfeife nun auf geraucht ist, zog der Namenlose aus einer kleinen Schublade in seinem Beistelltischchen neben seinem Ohrensessel entsprechendes Besteck heraus um seine Pfeife zu säubern und anschließend gleich wieder für eine weitere Portion vorzubereiten. Der Duft von Vanille lag süßlich jedoch nicht aufdringlich in der Luft. Der Namenlose hatte immer seine Fenster offen. Manchmal weit und andere Male zu meist dann wenn das Wetter nicht ganz so beständig war auf kipp. Dicke Luft konnte der Namenlose nicht ertragen und egal wo er war, er brauchte immer viel Luft und frischen Sauerstoff. Behutsam baute der Namenlose seine Pfeife auseinander, kratzte die Tabakreste im Tiegel vorsichtig zusammen bevor er diese Reststoffe in einem kleinen silbernen Eimerchen entleerte. Nachdem die Pfeife vollständig gereinigt war, stopfte er eine großzügige Portion frischen Tabaks in den Pfeifentiegel, drückte den Tabak leicht an und legte Sie auf einer Untertasse in der eine Mulde für den Pfeifentiegel vorgesehen war zur Seite. Beide Hände legte der Namenlose auf die Armlehnen seines Ohrensessels und blickte seinen ihm gegenüber sitzenden Gast direkt an. Beide schwiegen für einen Moment.

„Leben Sie hier eigentlich allein in diesem Haus ?" fragte der Gast ganz spontan. „Ich habe hier bislang niemanden außer Ihnen gesehen.". Der Namenlose antwortete mit sanfter Stimme: „Nein, allein bin ich nicht. Ich lebe hier mit meiner Frau, die gerade noch Besorgungen unternimmt. Sie wird sicher bald nach Hause kommen.". Der Gast entgegnete: „Ach so ist das. Dann haben Sie also keine weiteren Versuche unternommen ein weiteres Kind zu bekommen ?". Mit wachen fordernden Augen und ein bisschen Angst im Nacken, seine Haare stellten sich schon leicht auf, entfuhr diese direkte Frage aus dem Mund des Gastes. Gelassen antwortete der Namenlose: „Die Versuche selbst sind unzählig und wir haben bisher auch nicht den Mut verloren es weiter zu probieren. Doch auch uns schwinden die Kräfte. Wir werden nun mal nicht jünger und so langsam beginnt auch bei uns die Uhr des Lebens für uns lauter zu ticken.". „Und woran liegt es denn das hier um Sie herum bis jetzt keine Kinder herum tollen und alle Räume des Hauses in ein großes Kinderzimmer verwandeln in denen man die tollsten Abenteuer erleben kann ?" fragte erneut der Gast. „Das ist das größte Geheimnis von allen. Wobei ich durchaus eine Theorie entwickelt habe, die das ganze zumindest für mich plausibel macht. Anfangs probierten und machten stetig weiter mit der großen Hoffnung, das sich ein positives Ergebnis recht bald einstellen wird. Wir haben probiert und probiert und jedesmal wenn die ganz bestimmten Tage einer Frau näher kamen, viel meine Frau nach Erleben der Gewissheit, das es wieder einmal nicht geklappt hat wieder in ein kleines Loch, aus welchem Sie nur schwerlich wieder heraus kam. Sie können sich sicher vorstellen das es etliche Gespräche gegeben hat. Schließlich haben wir auch Ärzte zu Rate gezogen, haben uns untersuchen lassen mit dem Ergebnis das es keine physische Barrikaden gibt, die uns an unserem Kinderwunsch hindern lassen. Wie eine fiktive Person eine der tragensten Science Fiction Serien einmal sagt „Wir funktionieren innerhalb normaler Parameter.". Also muss es eine andere Ursache, einen anderen Grund geben, der dafür sorgt, das wir bislang kein weiteres gemeinsames Kind bekommen konnten. Meine Überzeugung ist die, das es sich hierbei um eine rein psychische Blockade im Kopfe meiner Frau handeln könnte. Ich persönlich gehe mit der Situation und dem was uns widerfahren ist äußerlich betrachtet ruhig und gelassen um. Doch es vergeht auch für mich kein einziger Tag an dem ich nicht an unsere kleine Maus denke, die womöglich irgendwo über uns auf einer kleinen Schäfchenwolke sitzt und auf uns hinunter blickt. Trost finde ich in der Überlegung und in den Gedanken darin, das ich mir sage, das es einen Grund dafür gegeben haben wird, der es unserer Tochter unmöglich machte Ihr Leben mit uns hier auf Erden zu teilen. Es ist nicht immer so das uns die Gründe für bestimmte Ereignisse offenbart werden und genau das gilt es teilweise unbefriedigt zu akzeptieren und möglichst gelassen hinzunehmen. Zugegeben, meine Frau tut sich damit ein bisschen schwerer als ich. Doch all das philosophieren ändert nichts an der Tatsache das unsere kleine Maus nicht bei uns sein kann. Ich bin davon überzeugt das, in dem Moment meine Frau sich von diesen trüben Gedanken befreien kann, wenn wir das unverhoffte Glück erhalten werden endlich Eltern zu werden und auch sein zu können.".

Die ganze Zeit in der der Namenlose so erzählte, lauschte sein Gast intensiv ruhig, entspannt und konzentriert seinen Ausführungen. Nur gelegentlich machte er sich die eine oder andere Notiz auf seinem Schreibblock.

Der Namenlose brachte sich in eine etwas bequemere Position seines ledernen Ohrensessels. Die Sonne stand bereits einigermaßen tief und ließ einen hellen warmen Sonnenstrahl in den Raum. Ähnlich wie ein dünner langer Zeigefinger ragte dieser Sonnenstrahl von draußen durch die Fenster in die Stube, dorthin wo die beiden Herren saßen und sich angeregt unterhielten. Ein kleiner kurzer Blitz der von der rechten Hand des Namenlosen zu kommen schien, blendete den Gast so sehr, das er kurzzeitig seine Hand schützend vor sein Gesicht hielt und fragte: "Oh ist das hell, was blendet mich denn da?". "Was ist ?" fragte der Namenlose interessiert ohne das er gewahr wurde was seinem Gast widerfahren war. "Irgend etwas an Ihrer Hand blitzt hell wie ein Diamant und blendet mich." erwiderte der Gast. Der Namenlose schaute auf seine beiden Hände und suchte die Quelle der Verblendung ausfindig zu machen. Laut denkend hörte er sich selber sagen "Das muss wohl mein Ring sein, der von der Sonne angestrahlt wird.". "Was ist das für ein Ring ?" fragte der Gast. "Es ist ..." der Namenlose hielt kurz inne bevor er seinen angefangenen Satz schließlich mit den Worten vollendete "... ein besonderer Ring. Er trägt den Namen unserer Tochter und wird täglich geputzt und poliert.". Der Ring bestand aus reinstem Silber auf dem in goldenen geprägten Buchstaben der vollständige Vorname seiner Tochter zu lesen stand. "Lara Miriam", blitzte der Name im goldenen Abendlicht der Frühlingssonne auf und es schien eine Art von Magie von ihm auszugehen, eine die es vermag die Zeit für nur einen kurzen Augenblick anzuhalten und jeder Atem anhielt. "So so, der Ring Ihrer Tochter. Darf ich den bitte einmal sehen ?" fragte freundlich mit einer gewissen Neugier der Gast. Bereitwillig hielt der Namenlose ihm seine Hand hin ohne den Ring vom Finger abzunehmen. Der Gast schaute sich den Ring sorgsam an, drehte ihn am Finger einwenig um den Namen in Gänze betrachten zu können. Denn der war doch recht lang und umfasste den halben Umfang des Ringes. "Nun," begann der Namenlose "wo waren wir stehen geblieben ?". Der Gast machte sich noch einige Notizen und fertigte rasch eine grobe Skizze des beschauten Ringes an bevor er aufblickte, seinen Stift kurz an seine Lippen hielt und plötzlich sagte: "Bislang sind wir Ihrer Geschichte nicht viel näher gekommen. Vielleicht fangen Sie einfach mal direkt an und schildern mir wie alles begann.".

Es begann damals, vor langer langer Zeit auf einem Schulhof. Nach unserem Umzug in einen anderen Ortsteil einer wie ich finde schönsten und grünsten Städte des Landes, kam ich natürlich auch in eine neue Schule und somit in eine neue Klasse. Lernte reichlich neue Menschen kennen wobei ich nicht mit jedem warm wurde und meist in den Pausen allein um das Schulgebäude spazieren ging. Mit Musik auf den Ohren und abgeschieden von dem Rest der Welt ging ich so meine Runden und Kreise zumeist unbehelligt. Von Natur aus war ich schon immer ein sehr ruhiger und stiller geselle dem es Freude bereitete, das Verhalten der Menschen im einzelnen als auch in Gruppen zu studieren. Bei einer neuen Klasse mit ungefähr zwanzig Klassenkameraden hatte ich natürlich reichlich neue Beobachtungsobjekte. Sehr früh schon viel mir meine heutige Frau auf, die mit mir in dieser besagten neuen Klasse war. Sie hatte sehr langes sonnenblondes Haar, war eine reine Frohnatur und viel durch Ihre Stimme schon damals sehr auf. Das hat sich bis heute nicht geändert. Ihre Stimme war laut und fröhlich, immer. Ganz selten habe ich erlebt das Sie Ihre Stimme aus Trauer oder Wut gegen andere erhob. Nur leider sahen unsere Klassenkameraden das als Schwäche an und neckten Sie wann immer sie konnten. Ich wusste, sie würde sich selber nicht schützen können weder zu der damaligen Zeit und auch später nicht im so genannten Erwachsenenleben. Das war mir schon damals klar. Main Bauchgefühl sagte mir das ich eines Tages derjenige sein werde dem diese aus heutiger Sicht schwierige Aufgabe zuteil werden würde. Nun, ich weis nicht mehr an welchem Wochentag, es war zumindest nachmittags als diese junge Dame mit zwei Klassenkameradinnen gemeinsam zu dem Haus kam in dem ich zu der Zeit zusammen mit meiner Mutter und meinem jüngeren Bruder lebte. Es waren Bianka und Claudia, die Ilka damals begleitet haben. Alle drei hatten ein derart unheimlich verschmitztes Lächeln im Gesicht das mir schon ganz mulmig in der Magengrube wurde. Bianka begann damals das Wort an mich zu richten. Was genau wer wie gesagt hat, kann ich nun heute auch nicht mehr eins zu eins wiedergeben. Doch es ging inhaltlich darum das Ilka zu der Zeit Interesse an mir hatte, sich allerdings nicht traute Ihr Ziel im Alleingang anzugehen. Unter uns gesagt bin ich davon überzeugt, das es Bianka war die federführend dafür verantwortlich war und ist, die Ilka damals intensiv bearbeitet und überredet hat. Es mag sein das ich mich darin irre, da ich nicht dabei war, doch es würde zu Ihr passen. Claudia war als unterstützende Maßnahme, als Rückendeckung mitgekommen. Um es kurz zumachen, kamen Ilka und ich zusammen und waren von dem Tag an zusammen. Wir haben nach der Schule viele schöne gemeinsame Dinge erlebt und hatten für ungefähr eineinhalb Jahre eine schöne Zeit. Bei schönem Wetter gingen wir oft im nahegelegenen Naturschutzgebiet einfach nur spazieren. An anderen Tagen insbesondere wenn es bereits dunkel wurde, in den kalten Wintertagen, besuchte ich Sie zu Hause und wir hörten gemeinsam Musik. Wie es nun einmal bei sehr behüteten Mädchen einmal so ist, man konnte die Uhr danach stellen erschien Ihre Mutter pünktlich alle 30 Minuten um nach dem Rechten zu schauen. Wohl eher um zu kontrollieren ob wir auch kein Blödsinn machten. Wir haben das einwenig belächelt und ich konnte es verstehen. Hätte ich eine Tochter in Ihrem Alter gehabt die männlichen Besuch mitbrachte hätte ich dem erst einmal die häusliche Türzage vorgestellt nur um im Vorfeld schon einmal für Klarheit zu sorgen. Mit mir ist man damals so nicht umgegangen was sicherlich eher daran lag, dass Ihr Vater stets recht spät von der Arbeit heim kam. Nachdem die eineinhalb Jahre rum waren, inzwischen gingen wir gemeinsam in den Kirchenchor, hauptsächlich um etwas mehr Zeit miteinander verbringen zu können. Allerdings fühlte ich mich nie so recht wohl. Dann entdeckte ich das jugendliche Hobby des Mofa-Fahrens und somit gondelte ich dann durch die ganze Stadt. Ilka und ich verlohren uns dann bald auch aus den Augen. Ich tat das ganze mit einer gedanklichen Aussage ab, das wir uns auseinander gelebt hätten.

Die darauf folgenden Jahre waren sowohl für Sie als auch für mich eine stetige Berg- und Talfahrt wie wir heute beide rückblickend von uns sagen können. Ja auch wir haben viele Fehler gemacht und unsere Lehren daraus gezogen soweit es uns möglich war. Erst gute zwanzig Jahre später ergab es sich das wir wieder Kontakt zu einander bekamen und diesen soweit intensivierten, das wir heute glücklich mit einander verheiratet sind. Sagte ich nicht vorhin schon das ich derjenige sein würde, dessen Aufgabe es sein wird auf Ilka aufzupassen ?

Nun ja, wir beide waren inzwischen in einem Alter von dem man sagen konnte das wir unabhängig von einander einiges erlebt haben. Unsere berufliche Laufbahn ist geregelt, die Randbedingungen stimmten soweit auch und so taten wir uns zusammen.

Der Namenlose machte eine zusammenfassende Pause nach diesen Ausführungen. Gebannt starrte sein Gast ihn aus seinem Ohrensessel entgegen, den Kopf auf seinen rechten Arm gestützt während in seiner linken Hand der Kugelschreiber langsame doch stetige Kreise zwischen seinen Fingern zog. "Sagenhaft." entglitt es dem Gast vor Erstaunen und Begeisterung. "Dann haben sie sich beide also während der zwanzig Jahre, die zwischen Ihrer Jugend und dem späteren Wiedertreffen bestanden die Hörner abgestoßen, wie der Volksmund so sagt." fügte der Gast noch hinteran.. "Ja, in der Tat. Und ganz sicher war das auch richtig so. Denn wenn wir diese Zeit nicht für uns gehabt hätten, dann wären wir heute sicherlich nicht gemeinsam verheiratet." entgegnete der Namenlose. "Mmhh, das ist interessant." sprach der Gast der gedankenvoll weitere Notizen in seinen Schreibblock kritzelte.

Der Namenlose fuhr fort und sagte: "Natürlich hatten wir das innere Bedürfnis eine eigene Familie gründen zu wollen ohne das wir konkret darüber gesprochen haben. Und nun, ja irgendwann war es dann auch soweit. Meine Frau war schwanger und wir begannen mit den Vorbereitungen. Angefangen von den ersten Arztbesuchen, den ersten wichtigen und relevanten Informationen worauf es zukünftig zu achten gilt. Bis hin zu den ersten Besorgungen für die Ankunft des Kindes. Wir fanden eine tolle hölzerne in weiß gestrichene Wickelkommode, schön groß und mit zwei sehr geräumigen Schubladen sowie einem einfachen Ablagefach direkt unterhalb des Wickeltisches auf dem bereits eine weiche Auflage Ihren Platz gefunden hatte. Die ersten Kleidungsstücke, Schühchen, Hemdchen, Strampler und Söckchen haben wir auch gleich schon gekauft. Alles

in allem waren wir guter Dinge und hatten den Eindruck gut vorbereitet zu sein. Doch wie es nun einmal im Leben ist. So gut man
auch vorsorgt und plant, was schief gehen kann, wird auch schief
gehen um es mit den Worten von Murphy und seinen dämlichen Ge-
setzen zu sagen. Der Tag der Entbindung kam immer näher, meine
Frau hatte ich bereits in das Krankenhaus gebracht in dem Sie rund
um die Uhr gut versorgt schien. An dem einen schicksalshaften Tag
war ich noch bei Ihr, habe den letzten Ultraschall mit Ihr gemeinsam
erlebt und es sah alles gut und normal aus. Es war gegen 19:00 Uhr
als ich Sie verlies und fuhr nach Hause. Da ich noch nichts gegessen hatte, ließ ich mir eine besonders große Platte Sushi kommen.
Persönlich esse ich das sehr gerne, meine Frau ist jedoch nicht so
davon angetan. Sie sagt Sie finden den Geschmack der Grünalge
besonders ekelig. Allerdings probiert Sie dennoch ab und ein ein
Stückchen. Es mag dauern doch langsam gewöhne ich Sie an Lebensmittel die Sie vermeintlich nicht mag. Inzwischen ist Sie auch
Mathjes in einer Sahne-, Apfel-Zwiebel-Sauce. Mein Abend verlief
soweit ganz gut und in Ruhe. Bis, tja bis die Uhr dann 22:00 Uhr
schlug. Das Telefon klingelte und ich wunderte mich noch wer mich
um diese Uhrzeit anrufen mochte. Ich nahm ab und gab mich zu erkennen. "Hier ist das Krankenhaus, könnten Sie vorbei kommen ?"
ertönte eine ruhige Frauenstimme am anderen Ende der Leitung.
Mein Herz rutschte mir schlagartig in die Hose und ich bekam weiche Knie. Mein Kopf formte eine Idee eines Ereignisses welches ich
schon jetzt nicht wahrhaben wollte und ich wartete nur noch auf die
Bestätigung der Krankenschwester um schlagartig begründet in Tränen ausbrechen zu können. Mein Hirn gab inzwischen das Signal an
meine Tränendrüsen in Vorbereitung der Tränenproduktion zu gehen. "Sitzen Sie ?" fragte mich die Frauenstimme in immer noch ruhigem Ton. "Ja, was ist denn passiert ?" entgegnete ich. "Wir mussten Ihre Frau operieren und Ihr Kind per Kaiserschnitt holen. Doch
trotz angestrengter Nachversorgung hat es Ihr Kind leider nicht geschafft. Ist es Ihnen möglich herzukommen ?". Geschockt und dennoch gefasst saß ich wie Starr auf der Couch. Jedes einzelne Wort
hämmerte sich wie ein Bündel Stahlnägel im Zeitlupentempo in meinen Kopf. Die Zeit selbst schien stehen geblieben zu sein und ich
antwortete nur: Ja, ich mache mich direkt auf den Weg." und legte
auf. Die Autofahrt in das Krankenhaus schien mir wie die Irrfahrt

durch ein Labyrinth, einen sehr engen Tunnel. In weiter Ferne sah ich noch die Strasse auf der ich mich halten musste. Alles um diesen entfernten Punkt herum war verschwommen, fast so als würde ich durch ein sehr altes verdrecktes Fernrohr blicken. Inzwischen flossen mir die Tränen in Strömen über das Gesicht. Mehrmals musste ich sie mir mittels Hemdsärmel wegwischen um überhaupt fahren zu können. Geschwindigkeitsbegrenzungen gab es auf dieser Fahrt für mich nicht. So schnell es mir möglich war und die Situation es zu ließ, sah ich zu in das Krankenhaus zu meiner Frau zu gelangen.. Schließlich kam ich an, betrat die Etage auf der der Kreißsaal war und wurde dort bereits von zwei Krankenschwestern in Empfang genommen die augenscheinlich schon auf mich warteten. Man nahm mich zur Seite in eine Ruhige Ecke. Es war eh nichts los auf dem Gang und man erklärte mir den Hergang der Ereignisse der vergangenen Stunden. Nachdem ich den Erklärungen und Ausführungen der Krankenschwester so aufmerksam wir mir eben möglich zugehört hatte, war meine erste Frage nach dem Befinden meiner Frau. Und kaum hatte ich diese Frage ausgesprochen, da wurde Sie bereits aus dem Kreißsaal in Ihrem Bett heraus geschoben. Sie hat mich wohl gesehen und schien wach zu sein. Doch was Sie als erstes sagte war etwas was eine weitere Kerbe in mein Herz schnitt. "Wo ist mein Kind, geht es ihm gut ?". Kurz darauf ist sie wohl vor Erschöpfung direkt eingeschlafen. In meinem Kopf hämmerten die Worte "Dein Kind ist tod." unwiderruflich mit lauten Hammerschlägen wie auf einem Amboss unerbittlich auf mich ein. Meiner Frau sah ich noch nach, denn Sie wurde nun auf die Intensivstation geschoben. Als Sie im Fahrstuhl verschwand sprach mich die Ärztin die Sie operiert hat an und fragte mich ob ich das Kind sehen wollte. Mit großen Augen schaute ich Sie an und spontan entglitt mir ein deutliches "Ja". Wenige Minuten Später führte man mich in einem Raum, der für mich vorbereitet wurde. Das licht war deutlich gedämmt und ein wohliger Duft kroch durch den Raum. Kerzen sind angesteckt worden und in weiche Decken gehüllt legte man mir unsere Tochter in meine Arme. Sie sah so friedlich aus, und doch auch ungemein angestrengt. Fast so als hätte Sie selbst Schwerstarbeit in Ihrem kurzen Leben welches nicht länger als 20 Minuten andauerte leisten müssen. Ihre Augen waren geschlossen, die kleinen Ärmchen angewinkelt und zum Kopfe hinzeigend. Sie hat bereits dunkle

Haare auf dem Kopf.

Eine ganze Stunde saß ich so da mit Ihr und beschaute Sie mir. Ich begrüßte Sie und gleichzeitig habe ich mich von Ihr verabschiedet. Dies war meine Zeit mit Ihr, meine Chance eines winzigen Augenblicks für die Ewigkeit meines eigenen persönlichen Lebens. Sie mir so einzuprägen wie Sie gerade ist um Sie nicht zu vergessen.

Die Ärztin selbst kam nach einer Stunde und fragte ob Sie mir das Kind abnehmen könne. Ungern gab ich Sie Ihr und bat gleich darum zu meiner Frau gehen zu dürfen. Man begleitete mich zu Ihr auf die Intensivstation. Sie lag in einem Hightechbett. Es hatte was von Science-Fiction. Sie saß mehr als das Sie lag und schlief. Um Sie herum piepten irgendwelche Apperaturen auf den wie wild kleine bunte Lämpchen blinkten. Jede menge Kabel und Schläuche waren mit meiner Frau Verbunden um Sie bestmöglich versorgt zu wissen und unter Beobachtung zu halten. Auf den ersten Blick war das äußerst sureal. Nun, die ganze Nacht über saß ich bei Ihr und hielt Ihre Hand. Gelegentlich wurde Sie wach, konnte gerade mal ein bis zwei Sätze sagen bevor Sie wieder in den erlösenden Schlaf viel.".

Gebannt und mit einem Blick des Entsetzens über das Erlebte des Namenlosen saß der Gast in seinem ledernen Ohrensessel und schien starr vor Schreck. "Nun, wissen Sie um die Geschichte und was passiert ist. Und wenn Sie nun denken das dieses Ereignis eines mit Seltenheitswert ist, dann sind Sie schwer im Irrtum. Die meisten Menschen denen so etwas widerfahren ist, sprechen nicht darüber und das ist auch der Grund weshalb Sie in Depressionen verfallen, weshalb sich jahrelange Beziehungen und Ehen auflösen, daran zerbrechen. Jedes Elternteil ist intensiv mit sich selbst beschäftigt und hat weder die Zeit noch Ressourcen für den Partner übrig. Meine Frau und ich allerdings waren uns sofort einig. Wir werden diese Situation gemeinsam überdauern und werden uns um Hilfe und Rat bemühen."

Der Gast griff nach seinem Whiskyglas und leerte es mit einem einzigen Zug. Ein lautes Glucksen ließ das herunterschlucken dieses edlen Tropfens verlauten. Es klang fast so als wäre ein großer fester schwerer Stein seiner Speiseröhre direkt in den Magen gefallen. Der Gast traute sich, wenn auch zögerlich mit einer leicht zitternden Stimme zu sagen: "Aber was haben Sie dann getan. Wie verarbeitet man ein solch schreckliches Erlebnis ? Wie kommt man wieder in den normalen Alltag zurück ? Ich kann mir nur sehr schwer vorstellen das es aus einer solchen Situation überhaupt einen heilenden Ausweg geben kann.". "Tja mein Bester Herr, genau um diese Fragen zu beantworten sind Sie hier. Neben all den anderen Dingen die ich bis jetzt für mich getan habe um mit diesem Erlebnis klar zu kommen sind Sie nun sagen wir, als Mittelsmann hier. Um auf zuschreiben was Ihres Erachtens wichtig ist um eine Unterstützung für jene da draußen in der Welt zu sein, die sich nicht trauen Hilfe anzunehmen, die vielleicht gar nicht wissen was Sie selbst tun können. Die mit sich allein sind und nur noch so dahin vegetieren." Während der Namenlose diese Worte mit deutlichem Nachdruck aus seinem Mund entließ zeigte er mit einer Hand in Richtung der Fenster und des Sees. Nur um einmal mehr deutlich zumachen das er und seine Frau nicht die einzigen sind die ein solches Ereignis erleben mussten.

Es gibt vieles was man tun kann. Doch das wichtigste und entschiedenste ist, dass man nichts verschweigt, offen darüber spricht und für sich akzeptiert was unwiderruflich ist. Das gilt sowohl für sich selbst als auch für den Partner. Nur gemeinsam ist diese schwere Bürde, diese Last ertrag- und aushaltbar. Oh es wird immer wieder Momente und Augenblicke geben in denen man in sich zusammen zubrechen scheint. Augenblicke, an denen man den alten Herren mit weißem Rauschebart der angeblich irgendwo über uns auf einer großen Wolke sitzt verflucht und sich natürlich die Frage nach dem Warum stellt. Eine Antwort wird einem niemand darauf geben. Und so bleibt nichts als eine gähnende Leere zurück mit der Sie allein klar kommen müssen.

"Hätten Sie vielleicht noch einen Schluck für mich ?" fragte freundlich und höflich zugleich der Gast mit ausgestrecktem leeren Glas. Erst jetzt merkte er das seine Hand leicht zitterte und zog seinen Arm wieder zu sich heran wobei er das Glas auf dem kleinen Beistelltischen neben ihm wieder absetzte. Der Namenlose stand auf, schritt zur Karaffe und schenkte seinem Gast als auch sich selbst erneut ein. "Besten Dank, mein Herr." sagte der Gast und nippte direkt an dem Getränk.

Wissen Sie, es gibt viele dinge die man tun kann um Herr eine solchen Situation zu werden. Oder besser, zulernen damit umzugehen. Denn der Schmerz wird niemals aufhören, die Wunde wird sich niemals schließen. Es bleibt uns und jenen nur eine Möglichkeit der Heilung, der Milderung des Schmerzes und das ist die Akzeptanz und Toleranz. Denn ich bin der festen Überzeugung das alles was in unserem Leben geschieht einen Sinn hat. Und nicht immer wird uns dieser Sinn offenbart. Ich zum Beispiel rette mich damit das ich mir sage, ja es hat einen Grund gegeben warum unsere Tochter von uns gegangen ist. Sei es das Sie selbst es wollte, Sie selbst schwer krank und somit nicht lebensfähig war als auch der Möglichkeit das dieses Ereignis einem höheren Ziel dient wie zum Beispiel die Stärkung der Bindung zwischen meiner Frau und mir. Sie sehen schon das so schrecklich auch manches Ereignis ist, sich allem durchaus auch positives gewinnen lässt wenn man ehrlich zu sich ist. Diese Gedanken machen es mir persönlich etwas leichter, was jedoch nicht heißt das ich nicht auch immer wieder in ein tiefes Loch falle. Eine solche Situation ändert einen Menschen und erschüttert die eigenen Grundfeste die man selbst als unzerstörbar eingestuft hat. Es gibt Menschen die sich dem Alkohol zu wenden und Ihr Leid nicht akzeptiert im Suff ertrinken. Es gibt Menschen die von der nächsten Brücke springen und es gibt Menschen die dauerhaft in psychologisch ärztlicher Behandlung für den Rest Ihres armseligen Lebens verharren. Die Menschen die so handeln kann ich sehr gut verstehen. Doch Sie handeln aus einer Schwäche heraus durch die der Druck eine so enorme Größe und Stärke entwickelt, dass diese Menschen daran zerbrechen und jegliche Form von Lebenswillen verlieren.

Was ich jedoch möchte, ist diesen Eltern Mut und Hoffnung zu geben, auf Ihr eigenes Leben welches fortgeführt werden kann, darf und muss. Schon um Ihres Kindes Willen. Denn es wurde aus Liebe gezeugt und in Liebe wird es gehen. Die Eltern sollten Ihrem Kind irgendwo einen Platz in Liebe geben an dem Sie es besuchen um gemeinsam an Ihr Kind zu denken. Die Eltern sollen und müssen Stärke aus dieser Situation gewinnen. Es dauert, es dauert lange bis man einen Punkt erreicht hat, an dem der Alltag vermeintlich normale Wege geht. Mehr als ein Jahr hat es bei mir gedauert. Meine Frau und ich besuchten den Verein der "Verwaisten Eltern". Wöchentlich haben wir uns mit gleichgesinnten Eltern getroffen, uns ausgetauscht und gemeinsam um unsere Kinder getrauert. Das verbindet und macht in sofern Mut, als das einem klar wird, das man mit einem solchen Schicksalsschlag nicht allein zu kämpfen hat. Und so hangelt man sich von Woche zu Woche, freut sich auf die Treffen bei denen selbst auch viel gelacht wurde. Jeder einzelne von uns hat damit begonnen sich Mechanismen zu überlegen um sein Kind empor zu heben und mit Stolz zu sagen ich habe ein Kind, es sitzt nur irgendwo da oben auf einer Wolke, einem fernen Stern und schaut auf uns mit einem Lächeln im Gesicht herab. Allein dieser kleine Gedanke hat schon etwas tröstendes. Natürlich erarbeitet man sich auch einiges gemeinsam in der Gruppe und schlussendlich bilden sich daraus auch so etwas wie Freundschaften.

Um Ihnen jedoch zu zeigen wie ich dieses Erlebnis bearbeitet habe möchte ich Ihnen eine kleine Geschichte erzählen. Sie handelt von einem kleinen Mädchen, welches schon etwas älter ist aber dann doch gehen muss. Sie ist es, die es schafft für Ihre Eltern eine Brücke der Akzeptanz zu schlagen und somit die Trauer zu mildern und in ein Glücksgefühl umzuwandeln.

Der Gast nahm mit zittrigen Händen erneut einen Schluck aus seinem Glas und saß gebannt in seinem Sessel. Gespannt lauschte er den Erzählungen des Namenlosen mit großen Ohren und Augen. Zwischenzeitlich machte er sich immer wieder Notizen, kleine Randbemerkungen.

Ich werde Ihnen ein Bild malen, sagte der Namenlose, wobei er nun zu seiner Stereoanlage gemächlichen Schrittes ging, auf einen Knopf drückte und ein einfaches leises startendes Knacken den Beginn der musikalisch malenden Künste bestätigte. Der Namenlose nahm die Fernbedienung vom Tisch und setzte sich wieder in seinen Sessel. Sie werden verstehen, werter Herr, das Musik laut gehört werden will. Nicht zu laut, jedoch so, das die Musik den Raum füllt und ihn einnimmt. Auf einen weiteren Druck auf eine Taste der Fernbedienung begann ein Lied zu spielen welches den ganzen Raum einnahm in dem der Namenlose mit seinem Gast gerade saßen. Es erschallte "Grieg - Peer Gynt Opus 23 - Morning". Einen Augenblick später begann der Namenlose in einem ruhigen und warmen Ton seine Geschichte passend zur Musik zu erzählen.

Kapitel 1 - Der erste junge Morgen
Lied: Grieg, Peer Gynt Opus 23 "Morning.

Ein kleines Mädchen, es mochte so gerade sieben Jahre alt sein, wachte eines Morgens in Ihrem Bettchen auf und war direkt hellwach. Es freute sich auf einen neuen sonnigen Frühlingstag, lachte und tollte bereits durch ihr Zimmer während Sie sich herrichtete, sich mit frischem kalten klaren Wasser wusch, die Zähne bürstete und sich anzog. Die Energie die in Ihr wohnte schien unbändig zu sein. Sie stürmte zum Fenster und öffnete es weit. Mit geschlossenen Augen und einem Lachen im Gesicht nahm sie einen großen Atemzug frischer Frühlingsluft. Es war recht früh am Morgen doch die Sonne war schon in Sichtweite und streichelte mit Ihren kräftigen Strahlen die Wiesen und Felder. Ein wundervoller Duft aus einem Gemisch von Blüten und Erde schwebte in der Luft. Die ersten Bienen und Vögel sind ebenfalls aus Ihren Nestern gefallen schwirrten umher. Ein herrlicher Klang der Vogelgesänge und Summen von Bienen und anderen kleinst Insekten war zu hören. "Guten Morgen lieber neuer Tag." rief das Mädchen aus dem Fenster hinaus und begrüßte den neuen Morgen. Fast schon bestätigend und ebenfalls grüßend ließ die Sonne Ihre warmen Strahlen über das Gesicht des kleinen Mädchens fahren wie ein zärtliches Streicheln der Wangen wie Mütter es gerne mit Ihren Kindern tun. Während das Mädchen so am Fenster auf zehnspitzen stand und sich am Anblick der Natur erfreute und daran das alle Bäume, Sträucher und Tiere nun langsam erwachten, klopfte es sanft an der Türe. "Lami, bist Du schon wach ?" fragte eine warme freundlichen Frauenstimme, die während sie diese Frage stellte die Tür vorsichtig auf schob und ein einen Schritt in den Raum tat. "Mami, ja ich bin gerade erst aufgestanden und schau ich bin schon fertig angezogen, habe mich gewaschen und die Zähne geputzt. Siehst Du.". Sie lief auf Ihre Mutter zu öffnete weit Ihren Mund damit Ihre Mutter die Tüchtigkeit des Zähneputzens begutachten konnte. "Das hast Du gut gemacht Kleines. Wie sieht es aus, hast Du gut geschlafen und schon genug Appetit für ein Frühstück ?". Lami nickte bejahend Ihren Kopf und stürmte freudig an Ihrer Mutter vorbei, die Treppen hinab direkt in die Küche in der Ihr Vater bereits am Tisch saß und geduldig auf seine Tochter und Frau wartete. "Guten Morgen Papi." sagte Lami, stürmte auf Ihren Vater zu und schlang ihre kleinen Ärmchen voller Freude um seinen Hals. Der Vater nahm Lami zärtlich in die Arme, gab ihr einen kleinen Kuss auf die Wange und sagte: "Na hast du denn gut geschlafen ?". "Ja, oh ja und ich kann es kaum erwarten endlich wieder raus zu gehen.". "Aber zuerst wird gefrühstückt." entgegnete Ihre Vater und deutete ihr sich auf Ihren Platz zusetzen damit alle gemeinsam mit dem Frühstück beginnen konnten. Lami´s Mutter war in zwischen ebenfalls in der Küche angekommen und servierte für Ihren Mann einen wohlduftenden Kaffee aus frisch gemahlenen Kaffeebohnen und für Lami ein Glas frische kalte Milch. Der Raum war durchzogen von wohligen Düften und zeugte von gemütlicher Atmosphäre wie man sie von Landhäusern her kennt. Die Sonne streckte ihre zarten Strahlen wie lange Finger durch die Fenster was dazu führte, das der in der Luft schwebend Staub und kleinst Partikel sichtbar wurden. Ein Hauch von Wunderland schwebte im Raum. Alle drei waren glücklich und zufrieden. Sichtlich genossen Sie ihr gemeinsames Frühstück. Lami saß auf Ihrem Stuhl und schaukelte einwenig mit Ihren Beinen während Sie von Ihrem Brot abbiss und ein Schluck Milch trank. Vater und Mutter hielten sich bei den Händen und sahen sich freundlich lächelnd an bevor auch Sie mit Ihrem Frühstück begannen.

"Ach was für eine glückliche und harmonische Szenerie. Wirklich, da fängt man direkt an zu träumen und wünscht sich man wäre dort." sagte der Gast nachdem der Namenlose in eine schweigende Pause verfiel und das angespielte Musikstück in den letzten Tönen und Klängen stand. "Sagen Sie," begann der Gast zu fragen. "Die Musik haben Sie passend zu Ihrer Geschichte ausgewählt ?. "Ja." entgegnete der Namenlose kopfnickend in einem ruhigen Ton. "Und Sie werden im weiteren Verlauf meiner Geschichte noch so manches klassische Werk namenhafter Künstler und Komponisten genießen dürfen. "Warum untermalen Sie Ihre Geschichte mit Musik ?" entfleuchte eine weitere Frage den Mund des Gastes. "Nun, das ist ganz einfach. Ich möchte Sie sensibilisieren. Eine Geschichte für sich allein genommen kann schon toll sein. Musik allerdings unterstreicht hingegen den Ausdruck der Geschichte und belebt den entsprechenden Part mit Emotionen. Das soll Ihnen helfen besser zu verstehen worum es in dieser Geschichte geht. Ich möchte Ihr Herz berühren." beantwortete der Namenlose die frage. Der Gast öffnete weit seine Augen vor Staunen und Neugier. "Das ist interessant." entfuhr es ihm, senkte kurz seinen blick, kaute auf seinem Stift herum, machte sich erneut kurze Randnotizen und blickte schließlich wieder auf. Einen kurzen Augenblick war erwartungsvolle Stille. Keiner von beiden sagte irgendetwas während die letzten Takte das Ende des musikalischen Stückes einläuteten. Der Gast stützte seinen Kopf auf seinen angewinkelten Arm, lauschte und wartete neugierig interessiert darauf das sein Gastgeber in der Geschichte fort fuhr.

Kapitel 2 - Der Frühling ist da.
Lied: Vivaldi, Die vier Jahreszeiten "Der Frühling"

Erneut tippte der Namenlose auf einen Knopf seiner Fernbedienung während er seinem Gast direkt in die Augen schaute. Ein leichtes angespanntes Kribbeln stand im Raume. Und erwartungsvoll rutschte der Gast in seinem Ohrensessel leicht hin und her. Ein weiteres Musikstück ertönte und sorgte für eine fröhliche ausgelassen Stimmung. "Ah, Vivaldi´s Vier Jahreszeiten, eine gute Wahl." sagte der Gast beiläufig und lies seine Finger im Takt der Musik leicht mit wiegen.

Das Frühstück dauerte eine weile an. Und als alle einigermaßen gesättigt und frisch gestärkt waren, war es Lami die als erstes das Wort an Ihre Eltern richtete und sagte: "Ich bin jetzt fertig darf ich raus gehen ?". Ein großes freundliches und herzerwärmendes Lächeln durchzog ihr Gesicht während sie abwechselnd ihre Eltern anschaute und begehrlich darauf wartete das man sie vom Tisch aufstehen ließ. Beide Eltern schauten sich ebenfalls lächelnd an, wandten sich zu Lami und die Mutter sagte dann die erlösenden Worte: "Ja Schatz, du darfst aufstehen und raus an die frische Luft gehen.". "Juhuu", entfuhr es Lami. Sie sprang auf, wusch sich noch kurz die Hände, riss die Haustüre auf und stürmte hinaus die in wundervolle freie Welt der Natur. Die drei lebten weit draußen auf dem Lande. Das nächste Haus war einige Kilometer entfernt. So war es das Paradies auf Erden für die kleine Lami. Denn sie hatte alles was ein kleines Mädchen sich hätte wünschen können. Um das Haus herum gab es viele große und hohe Bäume, Obststräucher, einen Garten mit einer Schaukel. Nicht weit entfernt gab es Blumenwiesen, Felder und sogar einen kleinen See in dem Fische schwammen. Es herrschte ein lebendiger Trubel um das kleine Mädchen herum die eins mit der Natur war. Jeder Vogel, jedes Wild und auch die Bienen und Ameisen waren Ihre Freunde. Das kleine Mädchen sprang und tollte voller Lebensfreude im Garten herum. Die Tiere hatten vor Ihr keine Scheu, kamen ihr entgegen und ließen sich sogar von ihr streicheln. Dieser Ort war erfüllt von Frieden, Freude und Glückseligkeit. Kein Leid sollte hier irgend einem Wesen je zu teil werden. Wie Lami so draußen in der Natur umher tollte, verrichteten die Eltern die Hausarbeit. Nachdem die Küche soweit vom Frühstück bereits wie klar war, ging der Vater raus und schlug vor dem Haus einwenig Holz für den heimischen Kamin. Gern zog er in den Wald um alte und kranke Bäume zu schlagen, die er dann in handgroße Stücke zerteilte.

"Das muss ein wahrlich traumhafter Ort sein." sagte der Gast nach diesen Ausführungen und fing an einwenig in sich zu träumen. Heimlich wünschte er sich er wäre auch so aufgewachsen in vollkommener Glückseligkeit ohne Sorgen und Nöte. "Ja, das ist es. Der Perfekte Ort um heran zuwachsen." entgegnete der Namenlose, stopfte seine Pfeife, steckte sie an und nahm einen langen Zug. Eine leichte Rauchschwade stieg über dem Kopf des Namenlosen auf. Es duftete angenehm nach Vanille und sorgte daher für eine ganz besonders gemütliche Atmosphäre und Stimmung. Während der Namenlose ein entspannte und ausgeruhtes Gemüht besaß, war sein Gast leicht freudig erreget auf Grund der Kombination eine tolle Geschichte zu erleben mit musikalischer Untermalung, einem Glas Whisky und dann auch noch Pfeifenduft, den er besonders schätzte. Gleichwohl rauchte der Gast selber nicht. "Diese Geschichte die Sie mir gerade erzählen, beruht diese auf einer wahren Begebenheit?" fragte der Gast neugierig und legte seinen Kopf leicht auf die Seite als wolle er dadurch zeigen das die eine Gehirnhälfte deutliche interessierten und konzentrierter arbeiten würde. "Nicht direkt." antwortete der Namenlose. "Im Kern der Sache handelt es sich durchaus um eine wahre Begebenheit. Allerdings ist diese Geschichte mit Absicht von mir so gestaltet, das Eltern die ein Ähnliches Schicksal haben erdulden müssen, durch lesen dieser Geschichte einen Weg und eine Möglichkeit aufgezeigt bekommen, mit der sie für sich besser zu Rande kommen. Verstehen Sie, es geht darum mit unsäglichem Leid eins zu werden und es als Teil der eigenen Person zu akzeptieren. Machen Sie Leid zu Ihrem Freund

und Begleiter. Lassen Sie nicht zu das Leid Ihnen stetig peitschend im Nacken sitzt und Ihnen Schuldgefühle einflößt. Strafen Sie ihn ob seiner bösen Absicht und umarmen Sie Leid auf das er Ihr bester Freund wird. Sie werden schnell feststellen, das es sich dadurch leichter und unbeschwerter lebt. Und Leid wird Ihnen kein Leid mehr zufügen können und wollen." fügte der Namenlosen anschließend noch zu. Mit großen weiten Augen saß der Gast in seinem Sessel und war über die Ausführungen sehr erstaunt. Damit hatte er nicht gerechnet das alles in dieser Geschichte eine strategisch wichtige Bedeutung zu haben schien. Und das es darum ging mit einer Situation die einen schlimmen und tragischen Charakter hat in Einklang zu kommen. Der Gast stand auf, streckte sich und ging einmal um seinen Sessel nachdenklich herum, wobei er seine Arme steht's auf der Oberkante der Rückenlehne mit sich führte. Der Namenlose sah seinem Gast zu wie er den Sessel umrundete. Nahm einen weiteren genussvollen Zug aus der Pfeife. Das Vanillearoma war inzwischen in diesem Raum allgegenwärtig und sorgte für Beharrlichkeit. "Nun, mein Herr sind Sie bereit für das nächste Kapitel?" fragte der Namenlose seinen Gast. "Unbedingt!" entgegnete der Gast wie aus der Pistole geschossen während er bei der nächsten Umrundung hinter dem Sessel stehen blieb, seine Ellbögen auf der Rückenlehne abstellte und seinen Kopf von seinen Händen in leicht gebückter Halten tragen ließ.

Kapitel 3: Nach dem Frühling kommt der Sommer
Lied: Mozart: Le Nozze Di Figaro "Overtüre"

"Nach dem Frühling, kommt der Sommer. Es wurde von Tag zu Tag wärmer und freundlicher. Es ist, als würde alles um Lami herum in der Blüte des eigenen Lebens stehen. Unsagbar herrliche Düfte aller Art von Pflanzen und Tieren schwebten über die Felder, das es eine wahre Wonne war. Lami blieb oft zwischendurch mitten in den Sträuchern stehen, schloss Ihre Augen und atmete tief durch um all diese Düfte und Aromen in sich aufzunehmen. Es ist ein Paradies auf Erden, nirgendwo auf der Welt konnte das kleine Mädchen glücklicher sein als gerade hier. Wie sie so durch den Garten und die Landschaft tollte, begrüßte Sie jedes einzelne Tier und jede einzelne Blume. Sie schätzte das Leben und achtete es, auf Ihre ganz eigene ungezwungene Art und Weise. Der See war nicht sehr weit vom Elternhaus entfernt und so ging sie gerne an das Ufer und badete ihre kleinen Füße in dem frischen kühlen Wasser. Fische durchzogen den See und verspürten offenbar keinerlei Angst oder Scheu das Ihnen ein Leid geschehen würde, denn sie schwammen oft ans Ufer, insbesondere dann, wenn Lami ihre Füße erfrischte um Ihr einen guten Tag zu wünschen. So mancher Fisch lies sich von ihr am Unterkiefer zärtlich kraulen und genoss diese kleine Aufmerksamkeit. In der Nähe auf einer kleinen Anhöhe stand eine Bank auf der sich Lami´s Eltern abends gern hinsetzten um gemeinsam Arm in Arm verschlungen der untergehenden Sonne zuzuschauen, die im See zu verschwinden schien. Die Sonne spiegelte sich auf der Wasseroberfläche die von seichten Wellen gesäumt ist. Rotgolden war der Sonnenschein und strahlte soviel Wärme aus, füllte die Herzen der Eltern als auch Lami´s mit Wärme und Energie. Neben eben dieser Bank stand und wuchs seit Jahrzehnten ein großer dicker Baum mit ausladenden Ästen, die sich leicht im Winde wiegten. Immer dann wenn sich Lami tagsüber ordentlich ausgetobt hatte und ruhiger wurde, kam sie zu diesem Baum und setzte sich zu seinen Wurzeln, lehnte Ihren kleinen Rücken an den starken und schutzanbietenden Stamm des Baumes. Der Baum senkte daraufhin seine Äste einwenig hernieder um dem kleinen Mädchen einwenig Schutz vor dem Wind bieten zu können. Oft schlief das kleine Mädchen mit einem entspannten Lächeln im Gesicht und in völliger Ausgeglichenheit und Ruhe ein. Gelegentlich kam ein Reh mit seinen Kitzen vorbei und legte sich ebenfalls zu Ihr. Die kleinen Kitze legten gern Ihren Kopf in den Schoß von Lami die daraufhin Ihren Arm um den kleinen zierlichen Hals legte und die Kitze sanft hinter den Ohren streichelte. So geschah es, dass dieser Baum, der die Eltern seit dem Tage ihres Einzuges beobachtete eine Zuflucht für alle Wesen wurde die sich einwenig ausruhen wollten. Gelegentlich kam es vor das das kleine Mädchen solange unter dem Baum saß, das es gar nicht bemerkte wie schnell die Zeit verstrich. Ihre Mutter rief dann nach Ihr um Ihr mitzuteilen das das Abendessen fertig wäre und sie möge bitte ins Haus kommen. Manchmal allerdings trat auch Ihr Vater aus dem Haus und ging sogar gemütlichen und leisen Schrittes zu diesem alten und freundlich dreinblickenden Baum. Hockte sich nieder besah sich die sich ihm bietende Szenerie wie seine Tochter da träumend unter dem Baum umringt von Rehen, Igeln, Füchsen, Mäusen und Kaninchen einfach nur da saß und ihr Leben in großen Schlücken sichtlich genoss. Sanft strich er Ihr über die Wange und sagte leise zu Ihr das jetzt Abendbrotzeit wäre und Sie den Tieren Gute Nacht sagen müsste. Abschließend streichelte Sie jedes einzelne Tier, gab Ihnen eine Kuss auf die Stirn und ging mit Ihrem Vater Hand in Hand, Ihren kleinen Kopf an ihn anlehnend in das Haus zurück. So vergingen viele Tage des Sommers bis dann eines Abends der Sommer dem Herbst wich."

Der Gast des Namenlosen strich sich eine kleine Träne der Rührung aus dem Auge, als der Namenlose geendet hatte. "Wunderschön, einfach wunderschön. Zu schön um wahr zu sein. So etwas gibt es doch in unserer technisierten Welt gar nicht mehr, das ein Kind, ein kleines Mädchen so aufwachsen und die Natur so intensiv erleben darf." sagte der Gast mit einem leichten Schluchzer von Glück und zugleich auch Wehmut, da er sich eine solche Kindheit für sich gewünscht hätte, sie jedoch völlig anders verlief. Der Namenlose schwieg eine ganze Zeit und lies seine Geschichte wirken. Und zum anderen wollte er das sich sein Gast wieder einigermaßen sammeln konnte bevor er den nächsten Akt, das nächste Kapitel beginnen

Kapitel 4 - Der abendliche Herbst
Lied: Bach: Suite No.3 G BWV1068 "Air on the G-String"

"Lassen Sie mich raten ... sie starten nun das nächste Lied, richtig ?" fragte der Gast aufgeregt und nahezu euphorisch. "Richtig." antwortete der Namenlose dessen Blick nun einwenig düster als zuvor wirkte. Seine Stimme bekam dabei mehr und mehr einen gewissen Bass-Klang. Der Gast war über diese Änderung einwenig irritiert und leicht verschreckt. Doch wagte er nicht seinen Eindruck zu hinterfragen und so wartet er geduldig ab. Die ersten Takte des neuen Liedes erklangen...

Den ganzen Sommer hat die kleine Lami Ihre Energie aufgefüllt. Diese kleine Frohnatur genoss das Leben sichtlich in großen Zügen. Doch auch der Sommer ist eines Tages vorbei und muss dem Herbst weichen. Muss platz machen für eine neue, die nächste anstehende Jahreszeit. Jede Jahreszeit hat ihre ganz eigenen fast schon persönlichen Höhen und Tiefen, einen eigenen Charakter der mit nichts zu vergleichen ist. So auch der Herbst. Inzwischen wurde der Wind stärker und wuchs gelegentlich zu einem Sturm heran. Dabei rüttelte er mit fester Hand an den Bäumen und Sträuchern um sie von Ihren alten und verbrauchten, ausgelebten Blättern und Früchten zu befreien. Im laufe des Herbstes stand so mancher Baum und so mancher Strauch nackt da und trug kein Blätterkleid mehr. Auch über die Wiesen und Felder peitschte der Wind in großen Wellen und Wogen. Wenn man genauer hinschaute, dann konnte man Windwellen sehen. Genau so wie auf dem Wasser am See. Das Gemüt des kleinen Mädchens lies einwenig nach und so wurde sie gemessen an der Jahreszeit, einwenig mürrisch und lächelte nicht mehr ganz so arg wie im Sommer. Sie ist nun einmal ein Sonnenkind, daran gibt es nichts zu rütteln. Doch auch sie muss durch jede einzelne im Jahr vorkommende Jahreszeit nun einmal durch. Lami trug immer Kleider und nie Hosen. Das lag wohl daran das sie keine Hosen sondern ausschließlich Kleider besaß. Die mochte sie am liebsten. Hosen haben ihr noch nie richtig gefallen. Sie fühlte sich darin so eingesperrt und eingezwängt. Sie war ein Mädchen das Freiraum und Freiheit brauchte. Je mehr, desto besser. Inzwischen zog sich die kleine täglich ihre dicke wollene Strickjacke und feste Schuhe an wenn Sie nach draußen ging. Und sie war weiterhin jeden Tag draußen. Denn sie musste Ihre Tiere, Sträucher und vor allem dem großen einsamen Baum am See doch wenigstens einen guten Tag wünschen und für alle einfach da sein. Der Wind konnte sie nicht schrecken. Wenn sie so unter dem einsamen Baum am See mit all Ihren Freunden saß, dann streckte dieser seine Äster noch ein Stückchen weiter herab um die kleine Gemeinschaft noch etwas mehr vor dem Wind zu schützen. Mit einem Lächeln blickte der einsame Baum auf seine Besucher herab und fühlte sich Ihnen ganz nah. Die Eltern kamen inzwischen kaum noch zum See auf die Bank. Es war ihnen einfach zu ungemütlich. In sofern machten Sie es sich im Haus gemütlich bei einem schönen Kaminfeuer, einem Heißen Tee und frisch gebackenen Plätzchen. Während das Feuer im Kamin so herrlich vor sich hin knisterte und es wohlig warm, fast schon kuschelig wurde, zog ein süßer vanilliger Duft der frisch gebackenen Plätzchen durch den Raum. Draußen saß Lami noch immer dick eingemummelt in Ihrer Strickjacke umringt von ihren eng an sie gekuschelten Freunde. Ihr Gesicht verlor langsam die sonnige Farbe und wich einem eher aschfahlem grau. Sie atmete tief und ruhig. Sie selbst wurde stetig und von Tag zu Tag ruhiger. Und wären Ihre Eltern abends nicht gekommen um ihre Tochter ins Haus zu holen, sie würde noch immer dort sitzen. Unten am See, zu den Wurzeln des einsamen Baumes, gemeinsam mit Ihren Freunden.

🐾

Betroffen sitzt der Gast in seinem Sessel und trägt eine finstere Miene. Ist nun gar nicht mehr so überschwänglich euphorisch. Scheinbar hat diese Szenerie eine ansteckende Wirkung. Ihm fröstelte einwenig und zuckte ein um das andere Mal leicht zusammen. "Ist alles in Ordnung ?" fragte der Namenlose als der das fröstelnde Zucken seines Gastes bemerkte. "Ja, mir ist nur etwas kalt." erklang leicht mürrisch seine Antwort. "Wünschen Sie vielleicht eine heiße Tasse Tee und ein Gebäck dazu zur Aufmunterung ? Meine Frau wäre sicherlich so freundlich und würde Ihnen beides bringen.". "Nein, besten Dank. Später vielleicht" entgegnete der Gast. "Ich schätze, das letzte Kapitel hat Ihnen nicht so sehr zugesagt, oder ?" fragte der Namenlose fordernd aber in warmen weichen Ton seiner sonoren Bass-Stimme. "Nein, es ist, es ist so überaus ungemütlich. Da möchte ich nicht wissen wie der Winter werden wird." antwortete der Gast fast schon protestierend. "Nun denn, sind Sie bereit für das nächste Kapitel ?" setzte der Namenlose listig lauernd, mit einem zugekniffenen Auge und sich seinem Gast leicht vorbeugend und einen großen Zug aus seiner Pfeife nehmend nach. Die Qualmwolke zog in den Raum, in direkter Richtung seines Gastes. Es war eine kleine Provokation. Der Namenlose grinste dabei, fast schon hämisch wirkte sein grinsen. "Glauben Sie wirklich ich wäre hier nur um mir von Ihnen die halbe Geschichte erzählen zulassen ? Mit Nichten, fahren Sie nur fort bester Herr !" rief der Gast geradeaus heraus und nahm die Herausforderung trotzend an. Der Namenlose schaute seinen Gast tief in die Augen, schmatze ein zweimal bestätigen und lehnte sich dann in seinen Ohrensessel zurück.

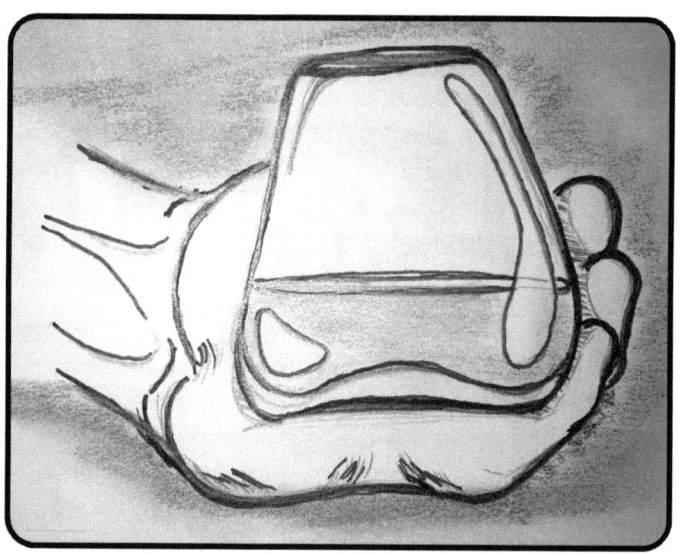

Kapitel 5 - Erinnerungen an den schönen Tag
Lied: Delbies - Flower Duet "Lakme" - Dome e´paise

Klick machte es, ein sanftes Geräusch welches durch das drücken eines Knopfes auf einer Fernbedienung ausgelöst wurde. Beide Herren schwiegen sich an. Der Namenlose genoss noch einen Zug aus seiner Pfeife während das nächste musikalische Werk seine ersten Töne verlauten ließ.

"Es war ein tolles Jahr, ein wundervolles Jahr für das kleine Mädchen voller unsagbar schöner Momente und Erinnerungen. Den ganzen Sommer schien die Sonne und spendete ihr Wärme, ihre Schönheit und Kraft allen Lebewesen. Wie viele male spielte das kleine Mädchen mit den Tieren, rannte durch Wiesen und Felder, schmiss sich ins grüne Gras und rollte einmal quer über die ganze Fläche. Wie oft saß sie unten am See beim einsamen Baum und erzählte ihm ihre kleinen Geschichten, ihre Erlebnisse des Tages. Bienen summten durch die Luft, Vögel flogen über die Baumwipfel hoch in die Luft und auch über den See. Gelegentlich sogar dicht über der Wasseroberfläche. Wie süß haben all die Beeren und Früchte geschmeckt die Lami direkt von den Bäumen und Sträuchern pflückte und mit den Tieren teilte. Wie viel Freude, wahre Lebensfreude hat dieses kleine Mädchen in Ihrer kleinen Welt weit weg von all dem Stress der Großstadt erfahren und erleben dürfen. An all diese schönen Augenblicke erinnerte sich Lami als sie nun unter dem einsamen Baum zusammengekauert sitzt und zusieht, wie die Blätter aus den Bäumen vom Winde davon getragen werden. Sie gleiten geradezu dahin, fort von hier, wo sie einst heran gewachsen waren und ihr leben lebten. Nun steckt kein Leben mehr in Ihnen sie sind braun und vertrocknet. Zerbröseln sogar wenn man sie zwischen den Fingern zerreibt. Lami´s Blick wurde ernst als sie über Ihre auf den Knien ruhenden Ärmchen über den See blickt, dessen Wellen deutlich lebendiger sind als es im Sommer noch der Fall war. "Ein Sturm wird kommen." dachte sie so still bei sich und sie kniff die Augen zusammen als wolle Sie Ihrem Blick dadurch nur noch mehr Ernsthaftigkeit verleihen.

"Sagen Sie,..." begann der Gast seinen Satz. "Warum wird Ihre Ge-schichte so abscheulich düster, muss denn das wirklich sein ? Sie hat doch so traumhaft schön begonnen. Da mag man sich den Rest kaum noch anhören." fuhr der Gast fort. "Oh warten Sie es ab. Nach jedem Tief kommt auch irgendwann wieder ein Hoch. Was nicht heißt das es nur weil es gerade ein Tief ist nicht noch ein tieferes Tief in Folge geben kann." sagte der Namenlose mit einem ver-schmitzten Lächeln. "Was wollen Sie denn damit sagen, was für ei-nen Verlauf wird Ihre Geschichte denn noch nehmen ? Ein Tief, ein Hoch, ein noch tieferes Tief. Das ist ja unerhört..." brach es aus dem Gast schmollend heraus. Der Namenlose schwieg und grinste be-deutend in sich hinein. "Das bedeutet, das nichts so ist, wie es scheint und nicht immer kommt direkt nach einem Regen wieder Sonnenschein. Doch der Sonnenschein wird irgendwann einmal zu-rückkommen und den Regen für eine gewisse Zeit verdrängen. Das ist das Leben und sie haben keine anderen Chance als es zu akzep-tieren. Denn Sie sind nicht Gott.". Der Gast war sprachlos und wuss-te nichts auf diese Ausführung zu antworten.

Kapitel 6 - Gute Nacht und schöne Träume
Lied: Pachelbel: Canon in D

Ohne eines weiteren Kommentars startete der Namenlose das nächste Musikstück und langsam klang es an. In voller Ruhe und Gelassenheit, nahm er zunächst einen Schluck aus seinem Glas welches noch zu einem fingerbreit gefüllt war. Genoss einen großen Zug aus seiner Pfeife und begann mit ruhigen Worten die Geschichte weiter zu erzählen. Gespannt und mit düsterer Miene saß sein Gast ihm gegenüber und lauschte der Dinge die da kommen mögen. Inzwischen stand die Sonne schon recht tief am frühen Abend und sorgte für eine schummerige Stimmung. Das Feuer im Kamin kam nun dadurch mehr zur Geltung und zeichnete gespenstische Schatten in die Gesichter beider Herren, während das Holz lodernd und knisternd verbrannte.

"Wie jeden Abend, so auch an diesem, war es irgendwann Schlafenszeit. Lami machte sich, wie man so schön sagt bettfertig. Sie zog Ihren schicken blauen Schlafanzug an auf dem Mond und Sterne eingestickt waren. Ging ins Bad, wusch sich und putzte ihre Zähne sehr ordentlich. Halt so wie es an jedem Abend nun einmal Gang und Gäbe war. Nach den Prozeduren krabbelte das kleine Mädchen in ihr Bett und kuschelte sich unter ihre warm weiche Bettdecke. Während die Decke fast bis zum Halskragen hochgezogen war, lagen Ihre Arme auf der Bettdecke. Nur wenig später kamen Ihre Eltern herein um wie jeden Abend ihrer kleinen Tochter eine Gute Nacht und schöne Träume zu wünschen. Nicht jedoch ohne eine kleine Geschichte zu erzählen. Während sich die Mutter auf die Bettkante nah zu ihrer Tochter setzte, holte ihr Vater sich einen Stuhl heran und setzte sich zu den beiden. Die Eltern hielten jeweils eine Hand ihrer Tochter um ihr das wohlige Gefühl zu geben nicht allein und geliebt zu sein. Lami´s Vater entzündete eine einzelne Kerze was für eine zusätzliche warmherzige Stimmung sorgte. Es war urgemütlich. Während Lami´s Mutter in sehr ruhigen und warmen Ton eine kleine Geschichte erzählte, vielen Lami auch schon rasch die

Äuglein zu. Es dauerte nicht lange und sie schlief tief und fest mit einem seichten Lächeln auf ihren Lippen ein. Die Eltern ließen langsam die Hände ihrer Tochter los. Schauten zunächst sich an und dann ihre Tochter an und gingen dann langsam Arm in Arm gemeinsam zur Tür des Zimmers. Ein letzter kontrollierter Blick durch den Türspalt, kurz bevor dieser geschlossen wurde, beruhigte die beiden Eltern, das es ihrer Tochter wohl erginge und sie gut schlafen würde. Doch hätten sie auch nur im Ansatz geahnt, das böse Träume die kleine Lami heimsuchen würden, sie würden bis zum Morgengrauen an ihrem kleinen Bettchen sitzen und Wache halten.

"Sie schweigen ja mein Herr. Gefällt ihnen meine Geschichte nicht ?" fragte der Namenlose. "Der Anfang war recht gut. Ich übe mich in Geduld und warte beharrlich ab. Ich wette sie führen da noch etwas im Schilde was nicht gut ist für das kleine Mädchen." sagte der Gast mit weiterhin düsterer Miene, wobei er nun seine beiden Ellbögen aufstützte und seinen Stift zwischen beiden Händen rotieren lies. Sein Kopf war leicht gesenkt und er schaute seinem Gastgeber mit ernstem Blick direkt, nahezu starrend an. "Nun dann wollen wir mal sehen was noch so alles passiert." sagte der Namenlose und startet direkt das nächste Lied.

Kapitel 7 - Ein Funken bösen Traumes
Lied: Beethoven: Sinfonie No. 5 C-Moll op.67

"Sie werden doch dem Mädchen keine bösen Träume schicken?!" sprach der Gast vorwurfsvoll aus. "Wir werden sehen was passiert. Warten Sie es ab und üben sie sich in Geduld." antwortete der Namenlose.

"Es geschah äußerst selten das das Mädchen schlecht träumte und meist konnte sie sich an den Traum am darauf folgenden Morgen auch nicht erinnern. Doch in dieser Nacht sollte es anders sein. Es begann damit, das die kleine sich zunächst von links auf rechts wälzte, leichte Zuckungen zunächst im Gesicht und dann in Ihren Armen und Beinen bekam, die unkontrolliert schienen. Schließlich strampelte sie sich die Decke vom Leib, sodass sie nur noch mit Ihrem Schlafanzug bedeckt war. Irgendwann wachte Sie dann schlaftrunken auf, suchte nach ihrer Bettdecke und als sie sie fand zog sie sie wieder über sich bis zum Hals, drehte sich auf die Linke Seite und schlief sofort wieder ein. Der Traum den Sie hatte strengte sie schon sehr an. Die ganze Nacht gab es ein Auf und Ab des Erlebens unterschiedlicher Zustände. Immer wieder strampelte sie als würde sie vor irgend etwas davon rennen und sich ab und an in eine Ecke zusammenkauern. Immer wieder holte sie sich ihre Bettdecke zurück und zog sie über sich damit sie nicht mehr frohr und schlief kurz darauf wieder ein. So ging das bis zum Morgengrauen. Kein wunder also, das Lami sich fühlte als wäre ein ganzer Konvoi Lastkraftwagen über sie hinweg gerollt. Dementsprechend lädiert sah sie dann schließlich auch aus. Es war keine Freude und kein Lächeln in ihrem Gesicht erkennbar. Was aber deutlich zu erkennen war, war eine aschgraue farbene Haut und unendliche Müdigkeit. Lami kam mit ihrem Lieblingsteddybären noch im Schlafanzug zum Frühstückstisch herunter. Ihr ganzer Gang, all ihre Bewegungen waren stark verlangsamt. Fast so als hätte ihre Batterie keine Energie mehr. Die kleine öffnete morgens nicht mehr das Fenster und begrüßte den jungen Morgen. Sie fühlte sich nur noch schlapp und ausgemergelt. Das ging nun schon einige Tage so und besserte sich nicht. Im Gegenteil es kam den Eltern so vor als würde dieser Zustand von Tag zu Tag zunehmen. Als sie so am Frühstückstisch sitzt, ist sie so schwach das sie ihren Kopf auf die beiden angewinkelten Arme abstützen muss, damit dieser nicht auf ihr Butterbrot fallen würde. Sorgenvoll schauten die Eltern sich gegenseitig fragend an. Doch sie konnten sich weder einen Reim darauf machen woher diese enormen Schlafstörungen kamen noch wussten sie sich einen Rat was zu tun sei, um den Zustand ihrer Tochter zu verbessern. All das gute zureden und die Bemühungen ihrer Tochter nah zu sein, ihr zu zeigen das sie für sie da waren nutzte nichts. Nichts vermochte das kleine Mädchen aus ihrer Trübsalsblase zu erwecken."

Beide Herren schwiegen sich starrend an. Minutenlang passierte nichts. Niemand sagte auch nur ein einziges Wort. Aus der anfänglich schönen Geschichte ist nun eine geworden die man nicht unbedingt seinen Kindern abends vorliest.

Kapitel 8 - Ein Funken des Paradieses
Lied: Fauré: Requiem op.48 "In Paradisum"

"In ihren Träumen wechselt die kleine Lami zwischen den Welten. Nach einer anstrengenden Passage, die sie sehr viel Kraft kostete gab es immer wieder Momente, die wie innerer Frieden wirkten. Denn sie entspannte sich und bekam sogar ein kleines Lächeln zurück. Nur um spontan im nächsten Moment wieder ein verzerrtes krampfartig gefasstes Gesicht zu bekommen und mit Armen und Beinen wieder zu strampeln. Die Ärmste wusste nicht wie ihr geschieht. In den schönen entspannten Passagen ihrer Träume, sah Lami den Sommer, verspürte Wärme, Liebe, Hoffnung und Glückseligkeit. Sie war an einem Ort an dem Friede herrscht und alle Lebewesen, so unterschiedlich sie auch waren gleich und vor allem eins sind. Die Blumen auf den Wiesen und Feldern blühten ewig und verwelkten niemals. Angst und Schrecken gab es hier einfach nicht. Lami schwebt und gleitet hinweg über Seen und Teiche, Wälder, Felder und Wiesen. Diese Welt bedeutete für Sie das Paradies.

"Ah, gehen wir nun endlich wieder in die freundliche Richtung und bleibt diese bestehen ?", fragte der Gast. Der Namenlose grinste einwenig verschmitzt und antwortete: "Nun,, wir wollen sehen.". Mit rollenden Augen und einem ungläubigen Blick quittierte der Gast diese Aussage und nahm sie einfach so hin.

Kapitel 9 - Der Tiefe Schlaf der Glückseligkeit
Lied: Tschaikowsky: Der Nussknacker - Schneeflockenwalzer

Abermals drückte der Namenlose auf einen Knopf was soviel bedeutet das ein neues musikalisches Werk irgend eines längst verschiedenen Komponisten erklingen würde.

Lange Zeit hat Lami diese fürchterlichen Träume die ihr die Ruhe nahmen und sie körperlich wir auch seelisch stark beanspruchten. Doch zum Ende einer solchen Nacht, die getragen von schwersten Alpträumen war, kehrte stets Ruhe und Entspannung ein. Warum vermag niemand zu sagen. Vielleicht ist es sie selbst gewesen die für sich die letzten Kraftreserven mobilisieren konnte um von schönen Dingen zu träumen. Jedenfalls lag sie zum Ende der letzten Nächte stets mit einem kleinen feinen Lächeln völlig ruhig und entspannt in ihrem Bettchen. Eines Tages hat sie ihren Eltern von den schönen Träumen erzählen können, denn sie erinnerte sich. Sie träumte von tanzenden Blumen, umher springenden Rehen mit samt Ihren Kitzen und von Hasen. Sie träumte davon das sich die Bäume mit ihren prächtigen Kronen im Takt des Walzers den sie hörte wiegen. Ein seichter Wind wehte und lässt die Blätter und Blüten in kreisenden Luftzirkulationen passend zur Musik tanzen. Es gibt nur unbändige Fröhlichkeit, Heiterkeit, Wärme und Liebe um sie herum. Kein Wässerchen könnte die Stimmung trüben. Es ist die Zeit und der Raum für die Reinheit, für Frieden und Harmonie. Und so tanzt die kleine Lami jeden Morgen, am Ende einer Nacht voller Alpträume in Takt des Walzers mit sich, der Natur und ihrer ganz persönlichen Umgebung.

Der Gast runzelte die Stirn. "Da ist doch ein Haken in dem was sie gerade sagten. Wieso ist der letzte Traum einer solch anstrengenden Nacht immer ein schöner und warum tanzt sie Walzer ? Es sei denn...", der Gast bekam große Augen und eine aschfahle Gesichtsfärbung auf Grund eines Gedankens, einer Vermutung die er sich nicht auszusprechen getraute. "Es sei denn was ?" fragte der Namenlose in einem ruhigen und lauernden Ton, lies eine Wolke von Tabakrauch aus seinem Mund fahren der wie dichter Nebel auf den Gast zu schwebte. "Dazu möchte ich mich jetzt nicht äußern." kam die Antwort.

Kapitel 10 - Unbeschwert in den Tag, ohne Erinnerungen
Lied: Myers: Cavatina

"Nun denn..." entgegnete der Namenlose mit ernstem Blick und drückte erneut auf einen Knopf für das nächste musikalische Machwerk.

"Seit Wochen und Monaten schon hat das kleine Mädchen diese schrecklichen Nächte, diese Alpträume die sie nicht abschütteln kann. Jede Nacht kommen sie zurück und suchen die kleine Heim. Augenscheinlich grundlos, denn sie sind einfach eines Nachts da gewesen, ohne jegliche Vorankündigung. Die Eltern wissen keinen Rat und sie tun alles nur menschenmögliche um der kleinen das Leben so angenehm wie möglich zu machen und sie wieder in das hier und jetzt zurück zu holen. Das Mädchen hat schon lange nicht mehr gelächelt. Diese überschwängliche Freude ist vollständig verschwunden. Ihre Hautfarbe, die sonst so herrlich frisch rosafarben und voller Leben war, sah nun grau und dünn wie Papier aus. Ihre Augen waren umsäumt von tiefen dunklen Ringen und schafften die Illusion von kleinen Augen in großen Höhlen. Gespenstisch sah das manchmal aus. Besonders dann wenn Lami im Dunkel saß und einfach nur mal aufblickte. An die Träume, auch an die schönen die für gewöhnlich das letzte Ereignis einer solchen Nacht waren konnte sich Lami nicht mehr erinnern. Es ist als hätte Sie nachts etwas derart unterschiedliches und forderndes erlebt von dem sie niemanden berichten sollte. Als wären diese Erinnerungen vollkommen ausradiert worden. Und Lami ging es schlechter von Tag zu Tag. Sie wurde misslauniger, missgestimmt, hatte keine Lust mehr zu irgend etwas, ging nicht mehr raus und saß meist einfach nur so dem Nichtstun verfallen irgendwo herum und starrte Löcher in die Luft. An Motivation war gar nicht zu denken. Ihre Eltern hatten das mehr als einmal, ach was sag ich, zigmal versucht. Und alles was von Lami kam war eine seichte Kopfdrehung. So ging es noch einige Tage und Wochen, wobei sich der Zustand Lami´s stetig verschlechterte.

Inzwischen war es Abend geworden und die Sonne ist in weiter Ferne am Rande des Sees untergegangen. Nur das lodernde Feuer im Kamin spendete gemütliches wenn auch gespenstisch mystisches licht. Das Knistern des verbrennenden Holzes durchbricht die Stille die hier eingezogen ist, nachdem das letzte Lied verstummte. Keiner der beiden sprach je ein Wort sondern schauten sich besser gesagt starrten sich aus gesenktem Kopf mit einem Dunklen Blick gegenseitig aus den Sesseln an.

Kapitel 11 - Ein sonniger und warmer Tag
Lied: Mozart: Clarinet Concerto in A KV622 Adagio

Der Blick des Gastes verdüsterte sich zunehmenst. Inzwischen versank er mit überschlagenen Beinen in seinem Sessel und es wirkte als würde er darin immer kleiner werden. Kommentarlos besah sich der Namenlose das Verhalten seines Gastes und fuhr mit seiner Geschichte fort.

"Der Herbst ist eine launische wie auch stürmische Jahreszeit, doch auch sie neigt sich eines Tages dem Ende. An einem der letzten Herbsttage geschah es, als würde die Sonne ein aller letztes mal allihre Kraftreserven mobilisieren und erwachte mit größten Anstrengen. Sie stieg über den Horizont, über dem See mit rot-gold-gelben Farben und schickte Wärme in die weite Welt. Lami stand in ihrem Zimmer am Fenster und starrte hinaus. Sie besah sich dieses wundervolle Spektakel und weit öffnete sie ihre kleinen Augen um all diese herrliche Pracht an Farben und Energie in sich aufzusaugen. Sie entriegelte ihr Fenster und mit einem Schubs stieß sie es auf. Tief ein- und ausatmend sog sie die frische Herbstluft in sich auf. So stand sie da an ihrem Fenster eine ganze Weile bevor sie sich dazu entschließ doch noch einmal runter zum See zu gehen. Lami setzte sich auf die Bank nahe des einsamen Baumes und schaute über den See der Sonne entgegen. Um sie herum wirkte alles sehr bunt, es waren sowohl braune, aber auch goldgelbe, rote und orangene Farbtöne dabei die durch die Sonne in den Büschen und Sträuchern ersichtlich wurden. Es ist eben doch nicht alles so grau um einen herum nur weil man sich nicht fühlt. Den ganzen Tag saß Lami auf der Bank und ging erst dann zurück in das Haus ihrer Eltern, als die Sonne im See versank und es deutlich kälter wurde. Lami´s Eltern standen bereits an der Eingangstür und warteten auf ihre kleine Tochter. Strichen ihr über den Kopf und nahmen sie zärtlich in die Arme als sie das Haus betrat.

Noch immer traute sich der Gast zu keiner Bemerkung oder Frage. Er rutschte tiefer in seinen Sessel.

Kapitel 12 - Es bahnt sich etwas an
Lied: Grieg: Klavierkonzert A-Moll op.16

"Nachdem letzten sonnigen Herbsttag wurden die Träume schlimmer und sogen all die Lebenskraft die Lami gerade erst aufgefrischt hatte durch diesen einen Tag auf. Lami wurde immer ruhiger, fast konnte man den Eindruck haben als wäre sie nicht mehr da und es stehe lediglich eine menschliche Hülle regungslos im Raum. Das Interesse an Alltagsdingen oder Dingen die ihr einst Freude bereiteten hat sich längst verloren. Es blieb von dem kleinen Mädchen nichts mehr übrig. Sie redete auch nicht mehr viel, nur noch das nötigste und auch nur dann wenn man sie irgend etwas fragte.

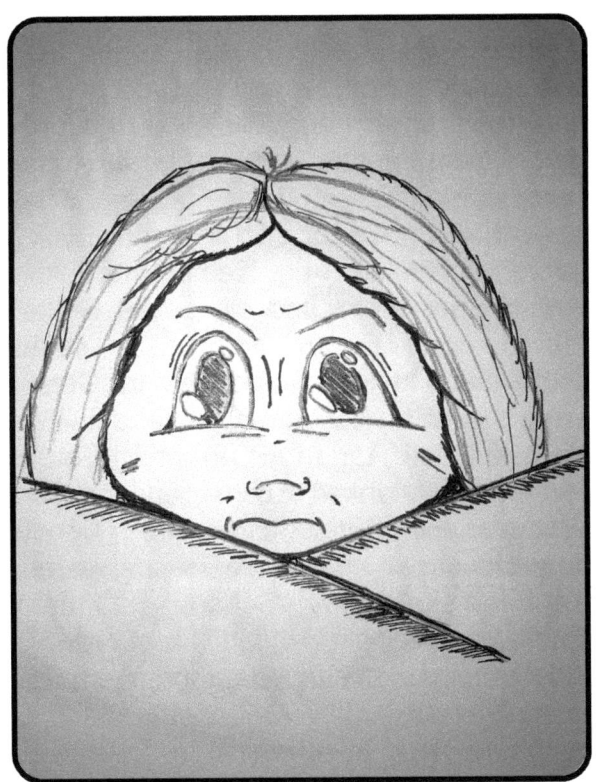

Kapitel 13 - Es wird dunkel und das Böse kommt
Lied: Prokofiew: Montagues und Capulettes "Tanz der Ritter"

Ein dramatisches musikalisches Werk ertönte aus den Lautsprechern und der Gast erschrak, ja er bekam sogar Gänsehaut. So dramatisch und martialisch drangen ihm die Klänge entgegen und bezogen auf die Geschichte vermutete er nichts gutes, was er durch das weite öffnen seiner Augen klar zum Ausdruck brachte. Dessen unbeachtet, fuhr der Namenlose in seinen Erzählungen unbarmherzig fort.

Das Mädchen stand in ihrem Zimmer am Fenster und schaute hinaus in die Dunkelheit. Es war bereits Abend geworden, gegessen hatte sie auch schon. Soweit man das sagen kann, denn sie verspürte keinen Hunger mehr und aß nur noch um ihre Eltern zu beruhigen. Dunkle schwere blei-gelbe Wolken zogen auf und mit ihnen kam ein Wind herauf, der stetig stärker wurde und ganz seicht, wie ein zarter Hauch begonnen hat. Voller Faszination und apathisch stand Lami so vor ihrem Fenster und konnte die Augen nicht abwenden von dem was sich außerhalb Ihres Zimmers, draußen in der wilden Natur passierte. Lami verlor sich in ihrem Blick und vor ihrem geistigen Auge vermischte sich die Realität mit Fiktion. Ihre Augen weiteten sich eine Spur mehr und sie selbst wirkte, als wäre sie nicht mehr hier. In dem Raum am Fenster stand lediglich die menschliche Hülle eines kleines Mädchens. Ihr Geist ist in einer anderen Welt. Lami sah wie aus dem anliegenden Wald eine Armee von Geisterrittern auf das Haus und an ihrem Fenster vorbei marschierte. Sie waren gekleidet in Rüstungen, mit Schild und Speer ausgestattet. Jeder dieser Ritter der an ihrem Fenster vorbei marschierte schaute sie direkt an. Einige Helme waren hochgeklappt was den blick auf den skelettierten Schädel der unter dem Helm war sichtbar machte. Es war ein Höllen Lärm, ein Geklapper von Rüstungen und Gebeinen die in unaufhörlichem Takt des Gleichschritts umher stolzierten. Völlig regungslos stand Lami an ihrem Fenster und schaute dem abscheulichen Treiben zu. Das ganze

Spektakel dauerte nur einen kurzen Moment. Lami kam es vor wie eine Ewigkeit, bis das der Spuk ein jähes Ende fand. So spontan die Geisterritter erschienen, so rasch lösten sie sich wieder in grau-blaue Wolken auf, aus denen sie stammten. Lami schaute wieder in das Unwetter vor ihrem Fenster und nichts außer einem starken Wind und Blitzen am Himmel die die grau-gelbe Wolkendecke durchzuckten war zu sehen.

"Mein lieber Herr, was erzählen Sie denn da ! Eine Gute Nacht Geschichte ist das sicherlich nicht." sagte empört der Gast. "Nein, das ist es nicht. Was meinen sie warum ich meiner Geschichte eine derart gespenstische Szene spendiert habe ?" fragte der Namenlose. "Nun, keine Ahnung, dazu fällt mir nun wirklich nichts ein." antwortete der Gast. "Dann will ich Ihnen erklären warum. Ein Ereignis welches meine Frau und ich durchlebt haben ist im wahrsten Sinne des Wortes grausam und gespenstisch. Es gibt kaum eine elementarere Angst als sein Kind zu verlieren und nichts dagegen tun zu können. Die Geister, die ich rief sind die Geister die uns als Vorboten geschickt wurden um uns klar zumachen, das der zu beschreitende Weg unausweichlich ist. Es gibt Situationen in unserem Leben, auch in Ihrem, in denen es gut ist Angst zu verspüren, die Hilflosigkeit und drohende Ohnmacht hinzunehmen in der Gewissheit nichts dagegen unternehmen zu können." führte der Namenlose mit grimmiger und bestimmter Stimme aus. "Das macht durchaus sinn." sprach der Gast sehr leise, kaum hörbar nachdenklich dreinblickend, sich selbstreflektierend aus. "Sehen Se, es ist wichtig, das wir begreifen, das wir nicht der Nabel der Welt sind. Das nichts unendlich ist und das wir alle gut daran täten die wenigen Augenblicke die uns hier bleiben zu leben und erleben vergönnt sind zu genießen." ergänzte der Namenlose. "Sind Sie bereit für den nächsten Schritt, das nächste Kapitel?" fragte der Namenlose fordernd, stand aus seinem Sessel auf, ging ein zwei Schritt auf seinen Gast zu und beugte sich provokativ zu ihm hinab. Der Gast wurde in seinem Sessel immer kleiner, ja er schrumpfte geradezu zusammen und sagte lediglich: "Ja,, natürlich. Fahren Sie fort.". Der Namenlose verweilte einen kleinen Augenblick, schaute seinem Gast tief in die Augen und er- hob sich nach kurzer Zeit um sich rückwärts wie in Zeitlupe wieder in seinen Sessel zu begeben. Noch während des Hinsetzens drückt er auf seiner Fernbedienung einen weiteren Knopf ohne von seinem Gast wegzublicken.

Kapitel 14 - Traurigkeit, Angst und Regungslosigkeit - Todge- weiht
Lied: Rodrigo: Concerto de Aranjuen Adagio

Das Erlebnis mit den Geisterrittern hat die kleine derart verstört und innerlich an die Wand gedrückt, das sie nicht mehr weichen konnte. Starr vor Schreck und eingeschüchtert stand sie da, völlig regungs- los. Sie dachte nach, versuchte zu verstehen was soeben passiert war. Sie spürte das in ihr etwas vorging. Etwas was sie selbst kaum in Worte fassen konnte. Es war nur so ein Gefühl. Es fühlte sich an wie ... wie Ruhe, vollkommene Stille, es fühlte sich weich an und es fühlte sich nach Abschied an. Ja nach Abschied. Instinktiv wusste sie ohne es aussprechen zu wollen oder zu müssen das Ihre Zeit in naher Zukunft gekommen war. Und für sich selbst erfuhr sie so et- was wie eine leichte Erlösung, sie begann sich mit diesem Gedan- ken anzufreunden und entspannte sich. Langsam schritt sie auf Ihr Bett zu, legte sich darauf und schaute gedankenvoll zur Decke. Trä- nen rannen aus ihren Augen und liefen in dünnen Rinnsalen über ihre Wangen. Sie begann zu begreifen das sich etwas ändern wür- de, nicht nur für sie selbst, sondern viel mehr noch für ihre Eltern die sie sehr liebte. Ihr wurde bewusst das es nichts gab was sie tun konnte um das nahende aufzuhalten oder Einhalt zu gebieten. Lami sprach mit ihren Eltern nicht darüber, das sie nachdachte und machte alles mit sich selber aus. Ruhig atmend schloss sie ihre Augen und lag einfach nur da, auf ihrem Kinderbett und erfuhr Ausgeglichenheit, Ruhe und Entspannung. Es war gut. Sie konnte akzeptieren was in ihr vorging und wartete.

Dem Gast entlief die eine oder andere Träne aus seinen Augen. Aus einer Tasche seines Jackets zog er ein Taschentuch und tupfte sein Gesicht trocken. Ein um das andermal ertönte ein unkontrollierter Schluchzer für den er sich entschuldigte und gleich darauf so tat, als würde er sich räuspern müssen. Benommen saß er da in seinem ledernen Ohrensessel und dachte über das soeben gehörte nach. Doch weit kam er mit seinen Gedanken nicht. Denn seine Emotionen hatten ihn still gefangen genommen und rüttelten innerlich an ihm. Der Gast griff zu seinem Glas um einen Schluck des köstlichen goldenen Getränks zunehmen, seine Last des gehörten zu erleichtern. Mit einem Ruck kippte er seinen Kopf in den Nacken und leerte das ganze Glas in einem Zug. Lediglich ein erlösendes "Ahhh..." vermochte kund zu tun, das dieser Schluck gut tat. Das Glas stellte er vorsichtig und mit leicht zittriger Hand wieder zurück auf den kleinen Mahagoni Tisch neben seinem Sessel. Der Blick des Gastes Sprach Bände und bedarf keines Kommentars. Ohne eines einzigen Wortes lies der Namenlose das nächste musikalische Werk anklingen.

Kapitel 15 - Der unausweichliche Tod wird eingeläutete
Lied: Bach: Toccate D-Moll BMV

In den vergangenen Tagen tobte draußen ein mächtiges Unwetter, der Wind fegte über das Land, alte und morsche Bäume knickten wie Streichhölzer und auf dem See war ein Wellengang wie man ihn nur vom Meer her kannte. Kein Mensch ging raus, weder die Eltern - noch Lami. Dann jedoch schien sich das Wetter zu beruhigen. Der Wind lies deutlich nach und kam fast völlig zum erliegen. Der See lag da ohne eine einzige sichtbare Welle auf seiner Oberfläche. Leicht hauchte der Wind über das Wasser als wolle er es zärtlich streicheln. Auch der einsame Baum am See stand ganz ruhig da. Seine Äste und Zweige wiegten sich ganz sanft in dem Hauch von nichts das der Wind mit sich brachte. Die Wolken jedoch trugen den ganzen Tag schon Trauer. Bleiern schwer hingen sie wie angenagelt dort oben am Himmel, kaum das Licht durchkam. Lami sah sich um, öffnete ihr Fenster atmete tief ein und aus, besah sich die Szenerie. Merkwürdig kam es ihr vor, die Luft roch leicht nach Schwefel und Wasser und doch war nichts weiter zu sehen. Alles schien vollkommen still ja sogar starr zu sein. Lami dachte daran das dies die berühmte Ruhe vor dem Sturm sein muss. Vereinzelt zuckten kleine Blitze in den Wolken und gelegentlich konnte man ein leichtes Grollen hören. Es waren die Vorboten, Lami wusste das und sie wusste noch mehr ohne es aussprechen zu müssen. Heute würde der Tag sein, an dem sie ihren Eltern ein letztesmal Gute Nacht sagen würde. Sie fühlte sich einerseits frei doch ihr Herz war geteilt in Traurigkeit und Freude zugleich. Sie war traurig darüber das sie ihre Eltern verlassen würde und machte sich sorgen um ihre Eltern. Denn ihnen konnte sie nun keine Stütze mehr sein. Der andere Teil, der, der inneren Freude beschrieb die Tatsache das alles bald ein Ende haben würde, das sie erlöst und frei sein würde. Es war ihre Hoffnung von Glückseligkeit und liebe die tief in ihrem innern für Stabilität und Ruhe sorgte. Am Abend, sie hatte sich bereits bettfertig gemacht und erwartete ihre Eltern um Ihnen "lebe wohl" zusagen. Als ihre Eltern so an ihrem Bett saßen, wie sonst auch und sie ihr die Hände hielten, ein letztes mal eine Gute Nacht Geschichte vorlasen, genoss Lami das sichtlich. Sie lächelte drückte Vater und Mutter ein letztes mal ganz fest an sich, sagte noch leise jedem ins Ohr "Ich liebe Dich." und legte sich dann wieder hin. Mehr sagte sie den ganzen Abend nicht. Die Eltern lächelten jeweils zurück und strichen der kleinen sanft über den Kopf und durch die Haare bis sie schließlich Händchen haltend gemeinsam das Zimmer verließen. Ein letzter Blick, wie jeden Abend durch den kleiner werdenden Türspalt zeigt Lami wie sie mit einem leichten dünnen Lächeln im Gesicht und geschlossenen Augen einfach völlig ruhig und entspannt im Bett lag. Lami lag da, atmete ruhig, langsam, war entspannt, hatte keine schmerzen außer denen in ihrem kleinen Herzen. Ein paar Tränen kullerten ihr die Wangen hinab und benässten einwenig ihre Kopfkissen. Doch das störte sie nicht. Sie war bereit und wartete ...

"Sie sind ein Scheusal." sagte der Gast unter Tränen und schnupfte eines seiner bislang zahlreichen Taschentücher die er bereits benutzen musste. "Ja, lassen Sie es heraus mein Herr. Sie sind der Beweis dafür das diese Geschichte tut was sie soll. Sie soll sie empfänglich und empfindsam dafür machen, dass Sie sich ihre Gefühle und Emotionen eingestehen, das sie ihr Leben als einen wichtigen Bestandteil Ihres eigenen Selbst akzeptieren." sagte der Namenlose. "Sie hören nur eine Geschichte von mir. Sie kennen das Mädchen nicht und doch sitzen Sie hier heulen Rotz und Wasser und machen mir Vorhaltungen.

Und soll ich ihnen was sagen, ... das ist auch gut so. Das Leben kann nur dann wieder einen Sinn haben, wenn Sie Ihr Leid hinaus gespült haben. Ansonsten ist es verwirkt da sie sich in der Trauerschleife bewegen und Schande über sich selbst und ihr Kind bringen." fügte der Namenlose noch ener-

gisch und äusserst temperamentvoll hinzu.

Kapitel 16 - Der Teufel kommt persönlich
Lied: Grieg: In der Halle des Bergkönigs

Der Namenlose stand auf, ging zu dem Tischen mit den Gläsern und der Karaffe, nahm die kristallene fein geschliffene Karaffe mit und schenkte seinem Gast und sich selbst noch einmal ein. "Danke, sehr aufmerksam." sagte der Gast leise mit einem Kopfnicken während er sich mit einem weiteren Taschentuch seine Tränen aus den Augen rieb. "Ich hoffe, ich werde keine Kinder haben." sagte er weiter. "Ich hoffe inständig doch und je mehr desto besser. Kinder sind was wunderbares, ganz gleich ob sie bei einem sind, was natürlich außerordentlich schön ist, oder woanders leben. In beiden Fällen ist das Wissen das sie irgendwo leben ein einzelner schöner Gedanke und ob ein Kind nun einen Kilometer, 100 Kilometer, auf einem anderen Kontinent lebt oder gar oben bei den Sternen sein zu Hause hat, spielt im Endeffekt doch keine Rolle. Allein der Gedanke an das Kind vermag Berge zu versetzen und ihnen ein Lachen in Ihr Gesicht zu zaubern.". Der Namenlose setzte sich wieder in seinen Sessel und stopfte sich eine erneute frische Pfeife. Beide schwiegen für eine Weile und ließen ihren Gedanken freien Raum. Der Gast blickte zur Fernbedienung des Namenlosen, als wäre dieses Stück industriell gefertigtes Plastik der Teufel höchst persönlich. Tief in seinem innern wollte er kein einziges Musikstück mehr hören, er hatte Angst. Angst davor sich selbst in dieser unwirklichen Situation in der er nun aktiv gefangen war und ihn wie in einem reißende Fluss mit lauter Wirbel und Strudel mit sich riss, nicht mehr heil heraus zu kommen. Doch er wusste, das es zu spät war. Er hatte bereits zu viel gehört und wenn er jetzt einfach ging, würden die schweren Gedanken des bis jetzt erlebten ihm ewig nachhängen und er würde keine Ruhe mehr finden. "Nun drücken Sie schon auf den Knopf." sagte der Gast zum Namenlosen leise mit gesenktem Kopf, so als würde er eine unausweichliche tracht Prügel erwarten. Der Namenlose tat worum er gebeten wurde.

"Endlich schlief Lami ein. Und sie fing an zu träumen. Allerdings waren diese Träume von einer intensiven Realität, das man glauben konnte, das alles in einem wirklichen Leben zu erleben. Das kleine Mädchen Lami, stand vor einem riesigen aus massivem Stahl gegossenen Tor. Es mochte bestimmt drei oder gar viermal so hoch sein wie das Elternhaus. Reichhaltig verziert mit geschwungenen Bögen des Jugendstils und einigen Abbildungen von irgendwelchen Wesen und Kreaturen waren ebenfalls zu sehen. Die ganze riesenhafte Tür war ein Relief. Links und Rechts von diesem Eingang hingen zwei ebenfalls recht große Feuerschalen deren Flamen aufgeregt loderten und so eindrucksvolle Schatten über das Relief der Tür gleiten ließen. Langsam schwang die Türe auf. Mit leichten Ächzten und Stöhnen wurden die Tore nach innen geöffnet. Ein Duft intensiven Schwefels traute sich aus dem dahinter liegenden Raum. Lami konnte hinein sehen und sah einen unendlich langen Gang, der links und rechts des Weges von hohen Marmor-Säulen umsäumt war, an denen ebenfalls kleinere Ausführungen der Feuerschalen hingen. Die Schatten die durch die lodernden Flammen entstanden, schienen ein eigenständiges Leben zu haben und huschten so durch den ganzen Saal. Sie schritt auf das Tor zu und durch das Tor hindurch. Als Sie nun in dem Saal stand und sich weiter umsah, schloss sich das Tor in der gleichen Geschwindigkeit wie es sich zuvor geöffnet hatte. Lami blickte an das Ende dieses Saales. Sehen konnte sie nichts. Doch sie spürte etwas. Der Boden bebte in regelmäßigen Abständen. Erschütterungen verrieten das etwas von ganz weit hinten auf sie zu trampelte. Es war unheimlich warm in diesem Saal. Einige Augenblicke später, das Stampfen kam immer näher und wurde lauter, sah sie den Grund dieser Erschütterungen. Es war ein Hüne, ein Gigant, so groß wie das Tor selbst. Es war eine Kreatur mit einem Ziegenkopf auf dem große schwarze in sich verdrehte Hörner wuchsen. Am hinteren Ende schwang ein langer schwarzbehaarter Schweif der sich von links nach rechts und von rechts nach links im Takt der Schritte der Kreatur schwang. Große Ziegenfüße kamen immer näher, die beim aufstampfen Staubwolken erzeugten und hochwirbelten. Mit starkem starren und funkelndem Blick kam der

Hüne in großen Schritten immer näher. Lami spürte eine Form von Beklemmung und merkte dabei nicht das sie unbewusst und ganz langsam Rückwärtsschritte ausführte, bis sie schließlich mit ihrem Rücken am Tor anstieß und gewahr wurde, das sich dieses Tor nicht wieder öffnen würde. Starr vor Angst sah sie dem Hünen direkt in sein Gesicht. Aus seinen Nüstern entstieg großes und lautes Schnaufen. Der Hüne streckte langsam seine Hand nach ihr aus während er auf die letzten Meter heran war. In dem Moment als der Hüne nach Lami griff, wurde alles plötzlich dunkel und ein letztes Mal vernahm sie das Aufstampfen eines jener Hufe dieser Kreatur. Doch dann ... nichts, nichts weiter geschah. Kein Laut war zu hören, kein Schwefel durch zog ... wo immer Lami sich auch gerade befinden mochte den Raum. Es war eine Leere, eine Stille und Ruhe - es war vorbei.

Vor Schrecken und völlig eingeschüchtert vermochte der Gast nicht mehr zu ahmen und seine Augen waren inzwischen sehr weit aufgerissen. "Was um Himmelswillen haben sie getan?" fragte der Gast und fuhr fort "Sie haben dem Kind den wahrhaftigen Teufel ohne Schutz auf den Hals gehetzt? Was sind Sie nur für ein Mensch.". "Mein Herr, mir ist klar das diese Darstellungsform für sie verwirrend ist und das Sie nun glauben ich selbst wäre ein wahrhaft böser und gemeiner Schurke. Doch lassen Sie mich erklären. Es gibt Situationen in die jeder einzelne von uns geraten kann die unausweichlich sind. Und die Darstellung des Teufels ist eine unserer schlimmsten

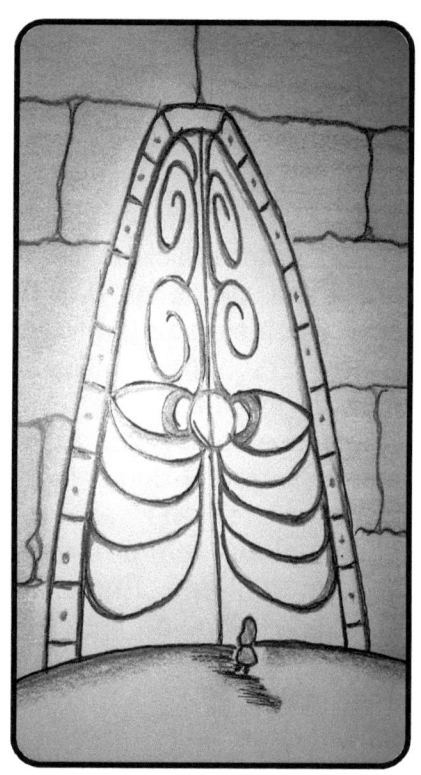

Fantasien. Er symbolisiert das absolute Böse wie auch das Ende eines jeden Lebens. Es gibt kein einprägsameres Bild jemanden zu zeigen das ein Mensch stirbt als in dieser Form. Der Tod selbst ist gegen den Teufel der reinste Waisenknabe. Der Teufel ist wie Gott übermächtig und kann von uns weder bezwungen noch bekämpft werden. Wir glauben das zwar, doch wenn es dann soweit ist, müssen wir einsehen, das wir uns in uns und unseren bescheidenen Möglichkeiten geirrt haben. Und schließlich ergeben wir uns in das, was einige von uns als Schicksal bezeichnen.". Das waren die Worte des Namenlosen der hiermit erklärte was dieser Teil der Geschichte auf sich hatte.

Kapitel 17 - Ruhe nach dem Kampf
Lied: Beethoven: Piano Sonata No. 14 C "Moonlight Sonata"

"Nachdem kurz erlebten im Vorhof zur Hölle, war Lami völlig losgelöst und empfand eine unbändige Ruhe und Leichtigkeit. Um sie herum war noch immer alles dunkel und still. Ganz weit, weit in der Ferne flackerte ein kleines kaum wahrnehmbares Licht auf, gleich einer Flamme, einer einzelnen Kerze. Lami schien zu schweben und glitt ganz sacht durch den dunklen Raum in Richtung auf den kleinen Kerzenschein zu.

In dem Bett von Lami, lag nur noch ein lebloser kalter Körper des einst so fröhlichen kleinen Mädchens. Auf dem Rand des Bettchens von beiden Seiten kommend saßen beide Elternteile und hielten ihrer Tochter die Händchen. Sie wahren ruhig und weinten bitterlich über ihren Verlust.

Kapitel 18 - Die Sterne klagen an und Begleitung zum Grab
Lied: Mozart: Reqiuem D Minor "Lacrimosa"

Ohne Anzeichen von nennenswerten Gründen verstarb das kleine Mädchen. Lediglich Ihre Stimmung war auffällig und wurde stetig schlechter. Ihre Hautfarbe wandelte sich von einem zarten wohl durchbluteten rosa in ein aschfahles Grau. Doch der Grund für diese Wandlung war zu keiner Zeit erkennbar. Noch in der selben Nacht hob der Vater ein Grab direkt neben dem einsamen Baum am See aus. Die Bestattung sollte noch in dieser Nacht erfolgen. Und so reinigten die Eltern ihre Tochter gemeinsam ein letztes mal, kleideten Sie in ihre Lieblingskleider und begleitet von Feen, Elfen und jedemenge anderer Tiere und Wesen trugen Sie Lami langsamen Schrittes zu ihrer letzten Ruhestätte, dort zum einsamen Baum am See. Die Wolken am Himmel waren inzwischen vollständig verzogen, hatten sich aufgelöst und machten den Blick auf einen klaren Sternenhimmel frei. Es war ein Meer an unzähligen kleinen Lichtern die dort oben zum Gruße und Abschied gleichermaßen leuchteten. Selbst der Mond stand in seiner vollen Pracht hell leuchtend über dem See und spendete sein geheimnisvolles und beruhigendes Licht der marschierenden Gesellschaft. Ein feierlicher und von Ehrfurcht gebietender Gesang klang langsam jedoch deutlich hörbar aus der Menge all jener, an die Lami auf ihrem letzten Weg begleiteten. All die Sterne, der Mond, alle Tiere und sonderlichen Wesen protestierten lautstark und klagten ihr Leid und ihre Trauer. Der einsame Baum am See, sah die Gemeinschaft auf ihn zukommen und wandte sich ihnen zu. Seine Zweige und Äste wurden schwer wie Blei vor Trauer. Während er so auf die Eltern herab blickte und das kleine Mädchen in den Armen der Eltern haltend sah, rannen auch ihm viele Tränen seinem Stamm hinab und füllten den See.

Kapitel 19 - Einsame Klage am Grab in der Nacht
Lied: Schubert: Ellens Gesang III "Ave Maria"

In feierlicher Stimmung und aller Ruhe wurde Lami beigesetzt und begraben. Der Vater kniete am Grabe und legte seine beiden Hände weinend in die frisch aufgeschichtete Erde als wolle er diese umarmen und nie wieder loslassen. Er neigte sein Haupt und war ganz in sich gekehrt. Lami´s Mutter stand einen Schritt hinter ihm aufrecht wie eine Säule mit über einander geschlagenen Händen, blickte dem vollen Mond entgegen und stimmte ein Klagelied an, welches durch den Rest der Gesellschaft anklingend begleitet wurde. Als sie sang, rannen ihr Tränen der Trauer in Strömen über das Gesicht. So ging es eine ganze weile.

Kapitel 20 - Traurigkeit, der Heimweg vom Grab
Lied: Händel: "Sarabande"

Die Zeit steht still. Niemand vermochte zusagen, wieviel Zeit verstrichen war und die wehklagende Mutter mit Ihrem Lied endete. Sie
legte ihre Hand auf die Schulter Ihres Mannes, der zu ihr aufsah,
aufstand und schließlich Arm in Arm gemeinsam langsamen Schrittes in ihr Haus zurückkehrten, in dem sie gemeinsam mit ihrer Tochter so viele schöne Jahre erlebt haben. Die ganze Gesellschaft die
die Zeremonie begleiteten zogen sich langsam ebenfalls in ihre Be-
hausungen zurück. Und so sah man die Tiere, Feen und Elfen in
Traurigkeit zurück in den Wald gehen, aus dem sie gekommen waren. Die Eltern, in ihrem Hause angekommen, löschten alle Lichter.

Kapitel 21 - Der frühe Morgen und kommende Tag
Lied: Williams: Fantasia über Greensleeves"

Nach dieser sehr schweren Nacht erwachte ein neuer Morgen. Das Leben kehrte nur sehr langsam in das Haus zurück. Die Sonne tat sich schwer und stieg nur sehr langsam aus dem See dem Himmel entgegen. Auch ihr schien die Kraft entwichen zu sein. Ihr Licht offenbarte ein Teil der nächtlichen Ereignisse und zeigte den einsamen Baum am See, der schützend seine Zweige und Äste über die Grabesstätte des kleinen Mädchens hielt. Auf den Wiesen lag nass der Morgentau. Über dem See schlich eine Wand aus Feuchtigkeit, Nebel waberte über der Wasseroberfläche und kroch über das Land. Am Himmel zogen hellweiße Schäfchenwolken vorüber. Lediglich ein kleiner aufgehäufter Erdhügel in der Nähe des einsamen Baumes zeugte von einem Ereignis der vergangenen Nacht.

Kapitel 22 - Überfallende Traurigkeit und Heiterkeit
Lied: Tschaikowsky: Schwanensee

Geschüttelt von plötzlich auftretender unbändiger Traurigkeit und Hilflosigkeit, begann so mancher Tag für die nun verwaisten Eltern. Mehrmals täglich hielten sie sich aneinander Fest gaben sich gegenseitig die Unterstützung die sie benötigten um nicht den Boden unter ihren Füssen zu verlieren. Dabei weinten Sie bitterlich. Mit der Masse an Tränen die sie gemeinsam vergossen, hätte man den See neu auffüllen können. Es war ein ständiges auf und ab. Mal fielen sie in schallendes Gelächter, wirkten ausgelassen und froh gestimmt, mal waren sie erneut am Boden zerstört. Dies ist ein Teil des Wahnsinns an dessen Türe man unweigerlich klopft, wenn man erlebt, was diese beiden Eltern erleben mussten. Das schallende Gelächter hat nichts mit Fröhlichkeit zu tun, sondern ist eher ein Ausdruck überschwänglicher Traurigkeit der die Grenzen des Weinens überschritten hat. Der Ausdruck der Gesichter, insbesondere des Vaters während eines solchen Lachanfalls sprachen Bände. Der Wahnsinn stand ihm mitten ins Gesicht geschrieben. Sie rauften sich aus Verzweiflung, Wut und Trauer die Haare bis sie in sich erschöpft zusammen sackten. Diese Wechselgefühle waren nicht nur unkontrolliert sondern für Körper als auch den Geist gleichermaßen enorm anstrengend. Dieser Wechselzustand hielt mehrere Wochen an und erst allmählich fingen die Eltern an zu begreifen, was hier mit ihnen eigentlich passiert ist. Welche Tragik in ihr Haus Einzug genommen hatte. Die Zeit heilt alle Wunden, sagt der Volksmund. Doch manche Wunden heilen niemals. Lediglich die Intervalle der Schmerzempfindungen werden länger, was nicht heißt, das sie nicht weiterhin genauso intensiv zu spüren sind wie am ersten Tag. Die beiden Eltern lebten eh schon sehr zurück gezogen, was nun durch das Erlebte noch einwenig intensiviert wurde. Dafür schweißte sie das Ereignis nur noch mehr zusammen. Sie hielten an einander fest. Nichts vermochte sie zu trennen oder ihre Bindung zu einander zu schwächen.

Völlig ruhig und zuhörend saß der Gast beinahe regungslos in seinem Sessel. Die letzten Teile der Geschichte haben ihn sehr mitgenommen und stimmten ihn nachdenklich. Kaum das auch nur ein Sterbenswort seine Lippen verlies. Lediglich ein kleines zartes Schluchzten war ab und an zu vernehmen.

Eine Frage entfuhr es dem Gast dann schließlich doch. "Sagen Sie, das, was Sie hier beschreiben an emotionalen Ausbrüchen, ist Ihnen das genau so widerfahren?". Der Namenlose antwortete nach einem genussvollem Zug seiner Pfeife und in ruhiger beherzter Stimme "Ja, genauso. Es ist schon verrückt welch starke Gefühle in einem wachgerüttelt werden können. Unweigerlich erkennt mann die Verletzlichkeit die in einem inne wohnt, auch wenn man sich das nicht unbedingt zugestehen möchte. Es überrannt einen ohne das man sich dagegen wehren kann. So wie man das Ereignis akzeptieren muss, so muss auch diese starken Gefühlsschwankungen zulassen um sie verarbeiten zu können. Ansonsten fällt man in ein endloses Loch der emotionalen Wiederholungen, aus dem es kein Entrinnen gibt.". Der Gast entgegnete "Das stelle ich mir unheimlich schwer vor diesen Zustand zu überstehen. Wie haben Sie denn das geschafft das durchzuhalten?". "Nun," sagte der Namenlose, "Allein ist es nahezu unmöglich. In einer solchen Situation ist die Partnerschaft und der Zusammenhalt, also das gemeinsame Wir ungeheuer wichtig. Die Partnerschaft muss zu einem WIR verschmelzen um sich gegenseitig zu stützen und so die schweren Zeiten gemeinsam durchleben zu können."..". "Wir nähern uns langsam dem Ende meiner kleinen Geschichte..."

Kapitel 23 - Der Aufstieg zu den Sternen
Lied: Strauss jr.: An der schönen blauen Donau

Viele Wochen und Monate sind seither in das Land gegangen seit dem Schrecklichen Ereignis. Die Wahnsinnsanfälle haben deutlich nachgelassen und wurden weniger. Doch allmählich kehrte die Ruhe des Alltags wieder zurück. Jeden Abend stellten die Eltern eine Kerze in das Fenster als Gruß und Mahnwache für ihre verstorbene Tochter. So wie damals, geschah es ebenfalls in einer Vollmondnacht unter einem klaren Sternenhimmel. Ein kleiner zierlicher Lichtstrahl entstieg windend und schlingernd dem Grabeshügel der Tochter. Langsam kroch er empor, dem Sternenhimmel entgegen. Die Eltern standen gerade am Fenster und entzündeten die Kerze als die Mutter aus dem Fenster in die Ferne schaute und diese kleine unscheinbare Veränderung bemerkte. Sie tippte Ihrem Mann auf die Schulter und deutete ihm ebenfalls hinaus zuschauen. Der Vater blickte hinüber und traute seinen Augen kaum als er das Lichterspektakel wahr nahm. Der Lichtstrahl schlängelte sich wie eine Schlange in die Höhe und dort, wo er herkam folgten viele kleine weitere Lichtspitzen, die ebenfalls emporstiegen und an Leuchtkraft gewannen. Der Vater nahm seine Frau bei der Hand und eiligst ging er mit ihr zur Haustüre, riss sie auf und lief mit ihr im Schlepptau hinaus. Langsam und das Szenario bestaunend gingen sie näher. Die Leuchtkraft der unzähligen Lichter nahm stetig zu. Inzwischen war es so hell, das die gesamte Umgebung in einem mystischen farbenfrohem Licht erhellt wurde. Es war ein Farbenmeer, was aus dem Erdhügel entstieg. Als die Eltern nah genug waren und in die Lichtströme hineinblickten sahen sie darin schemenhaft das lächelnde Gesicht ihrer gegangenen Tochter. Ja sie zwinkerte ihren Eltern sogar freundlich zu. Ganz so als wolle sie sagen: "Es ist gut. Es ist alles gut. Sorgt euch nicht.". Das Gesicht Lami´s stieg zusammen mit den vielen Lichten auf, dem Himmel und den Sternen entgegen. Die Eltern schauten ihr noch sehr lange nach und winkten ihr zum Gruße. Sie weinten erneut bitterlich, doch es waren in erster Linie Tränen der Freude statt der Trauer. Denn sie haben sie noch einmal sehen dürfen. Ihre Tochter hat ihnen zugelächelt und mit ihnen gescherzt. Lami entschwand zusammen mit den Lichtern in unendliche Höhen und weiten. Je weiter sie fortging desto dunkler wurde es wieder in der näheren Umgebung. Selbst der einsame Baum am See verfolgte das zauberhafte Spektakel und schien mit seinen Zweigen und Ästen ebenfalls hinterher zu winken und sogar leicht zuklatschen. Nachdem das alles vorbei war und wieder Ruhe einkehrte, sahen die Eltern noch lange in den klaren Sternenhimmel der wie Diamanten Funkelte. Und ein Stern leuchtete und strahlte besonders hell, ja er scheint sogar einwenig zu blinken. Die Eltern hielten sich fest in den Armen und lachten. Es war ein Gefühl von Glück und loslassen, so wie ein einfaches "Auf Wiedersehen.". Nach einiger Zeit blickten sich die beiden glücklich an und gingen langsam wieder zurück ins Haus. Seither entzünden sie weiterhin jeden Abend diese eine Kerze auf dem Fensterrahmen, halten sich aneinander Fest und blicken glücklich gen Himmel, mit der Gewissheit das dort oben, irgendwo ihre kleine Tochter ist und das es ihr gut geht. Jedes mal wenn dieser helle Stern zu blinken schien, war es wie ein kleines Augenzwinkern Lami´s die ihre Eltern aus weiter Ferne zu grüßen schien.

Der Gast des Namenlosen zog ein Taschentuch aus seiner Jackentasche und schneutzte laut vernehmlich hinein. Tränen der Rührung, Trauer und Freude rannen zugleich aus seinen Augen über sein Gesicht. Nur sein Taschentuch suchte das, so gut es eben ging zu verdecken. Der Namenlose jedoch registrierte diese Empfindungen sehr wohl und sagte beschwichtigend :"Sehen

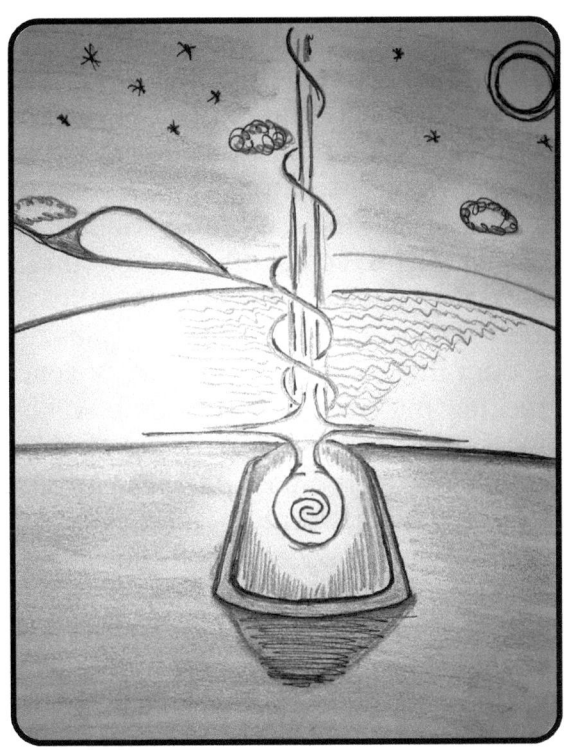

Sie, genau das ist es worauf es mir ankommt. Diese Geschichte berührt Sie und Sie können nicht um hin zuzulassen das diese Geschichte etwas mit Ihnen macht. Es zwingt Sie Gefühle zuzulassen, die Sie nicht aufhalten oder blockieren können. Das ist es, was es heißt Mensch zu sein.". Zustimmend nickend und ohne ein Wort zu sagen neigte der Gast seinen Kopf und fing seine Tränen abermals mittels seines Taschentuches auf.

Kapitel 24 - Ankunft auf einem fernen Stern
Lied: Tschaikowsky: Klavierkonzert No. 1 B-Moll op.23

Lami ist nun körper- und hüllenlos. Ihre Seele hat sich von allen Zwängen und Einschränkungen befreit. Auf der Reise durch den Himmel, die vielen vielen Sterne, Sonnen und Monde an denen sie vorbei kam, fand sie einen Platz der ihr besonders freundlich erschien. Es war ein besonderer Stern auf dem sie sich niederließ. Einer der für sie persönlich so schien, bereitgestellt und reserviert war. Voller Neugier, Fröhlichkeit und Euphorie machte sie sich auf diesen Stern näher zu untersuchen und alles neu zu entdecken. Sie sprang, hüpfte und tanzte umher, so wie sie es früher auf den Feldern und Wiesen am Haus ihrer Eltern getan hat. Unbändige Freude kam in ihr auf, sie schloss ihre Augen und lachend tanzte sie durch die nähere Umgebung. Jeder Schritt von ihr, überall wo sie einen Fuß hinsetzte, sprossen Blumen und Gräser. Aus dem dunklen Nichts formte sich Leben, eine aufregende bunte Vegetation. Ein buntes Treiben wunderschöner Pflanzen mit bunten Blüten wuchs aus dem Boden auf dem Lami kurz zuvor einen Fuß setzte. Büsche, Sträucher mit Beeren und Bäume wuchsen schnell in die Höhe, die Sonne stand am Firmament und strahlte mit einer wärme und einer unvergleichlichen Schönheit. Kleine Schäfchenwolken zierten den ansonsten blaugefärbten Himmel. Mit dem Wachsen einer natürlichen Vegetation zogen auch die unterschiedlichsten Düfte ein, die Lami seit Ewigkeiten nicht mehr gerochen hatte. Sie fühlte sich wohl und war glücklich da wo sie jetzt ist. Und doch, mit einwenig Wehmut dachte sie an Ihre Eltern und je eine kleine Träne entrann ihren Augen. Laut sprach Sie aus: "Ich sende euch liebe Grüße Vati und Mutti, lebt wohl und denkt an mich - jeden Tag. Und stellt eine Kerze für mich ins Fenster damit ich euch immer wieder finden kann.". Als sie das lauthals aussprach bekam sie unmittelbar ihr Lachen zurück und sie freute sich bei dem Gedanken an ihre lieben Eltern. Neben den Feldern und Wiesen tauchten auch die reichlichen Tiere auf, die mit ihr gemeinsam umhersprangen und sich ihres Seelenlebens grenzenlos freuten. Lami warf sich in das weiche grüne saftige Gras. Es duftete voller Frische und Leben, als dann auch schon die ersten Rehe zu ihr kamen, sie mit ihrer Nase an stubsten und Lami sie zärtlich streichelte und kraulte. Lami war wieder sie selbst, sie war wieder zu Hause.

Nun war es vorbei, der Gast des Namenlosen konnte nicht mehr an sich halten und heulte Rotz und Wasser wie man so schön sagt. Ein um das andere Taschentuch zog er erneut aus sämtlichen Taschen seiner Kleidung. Doch es war ein erlösendes weinen. Erfüllt von etwas Trauer, noch mehr Wehmut und reichlich Glückseligkeit zeichnete dieses Kapitel der Geschichte des Namenlosen ein großes breites Grinsen, ja fast schon erlösendes Lachen in sein Gesicht. "Mein bester Herr," sagte der Gast "da haben Sie ein tolles Ende gefunden, eines was den Zuhörer nicht in einer düsteren unheilvollen Situation zurück lässt. Sie geben Hoffnung auf ein gutes Ende. Nein, es ist kein Ende, sondern eher ein Weiterkommen in eine andere Dimension.". Der Namenlose hörte diese Worte und lächelte wissend zurück und nahm einen extra großen Zug aus seiner Pfeife, deren Rauch in einer großen Wolke der Decke empor stieg.

Kapitel 25 - Es ist Zeit, auf Wiedersehen zu sagen
Lied: Quarantotto "Time to Say Goodbye"

Weitere Monate sind verstrichen, es mochten wohl auch schon zwei Jahre gewesen sein als die Eltern ihren Alltag in Vollendung zurück hatten. Alles ging wieder seinen Gang und zusätzlich gab es kleine Rituale für das eigene Herz, die dafür sorgten das es ihnen nicht mehr ganz so schwer war, wenn sie an ihre Tochter dachten. Beide Eltern dachten täglich auf unterschiedlichste Weise an die kleine Lami und was sie alles mit ihr erleben durften. So geschah es, das der Vater gelegentlich im Garten stand, Erdbeeren pflückte und plötzlich laut und herzhaft anfing zu lachen. Denn erinnerte sich daran das Lami sich gern den Mund mit diesen Früchten voll stopfte und man diese überall auf ihrer Kleidung wieder fand. Natürlich passierte es auch das beiden zeitgleich eine solch schöne Erinnerung widerfuhr. Dann schauten sie sich wissend an, küssten sich und nahmen sich zärtlich in die Arme. Sie haben beide verstanden, es ist kein Abschied. Ihre Tochter hat einen Übergang in eine andere nicht minder schöne Welt betreten und dort wo sie ist geht es ihr gut - Lami lebt, tief im inneren der Herzen von Vater und Mutter. Es war ein warmer sonniger Sommertag an dem die beiden Eltern an den See nahe dem einsamen Baum sich auf die Bank setzten. Wann immer sie hierher kamen, schauten sie auf das Grab ihrer Tochter und sie schauten mit einem Lächeln. Auf dem Erdhügel hatte der Vater vor lange Zeit Samen unterschiedlichster Blumen und Rasen gesät. Inzwischen ist die Saat aufgegangen und ein wundervolles buntes Fleckchen der Ruhe und des Friedens ist entstanden. Wie die beiden da eng aneinander auf der Bank saßen, den Blick über den See der abendlichen Sonne richteten geschah es, das sie beide unabhängig von einander eine innere Stimme anrief und zu ihnen sagte: Liebe Mami, lieber Papi, es ist gut. Ihr müsst nicht mehr traurig sein. Denn ich bin zu Hause angekommen. Von hier oben, weit weit weg, schaue ich euch zu und sende täglich euch meine Grüße in den schönsten Lichtern, Farben und Glockenklängen. Sie alle sollen euch sagen, ich bin da und es geht mir gut. Vergesst mich nicht, wie auch ich euch nicht vergessen werde. Eines Tages, werden wir uns Wiedersehen. Lebt wohl.".

Die Stimme in den Köpfen beider Eltern entschwand und eine bedächtige Ruhe kehrte ein. Die Mutter lehnte ihren Kopf an die Schulter ihres Mannes, der seinen an den Ihren anlehnte. In beiden Gesichtern leuchtete ein Lächeln des Friedens auf. Sie haben verstanden. Lange, eine sehr lange Zeit saßen sie noch gemeinsam umschlungen an diesem Tag auf dieser Bank. Ihre beider Herzen pochten im Einklang voller Leben, Kraft, Ruhe und Zuversicht.

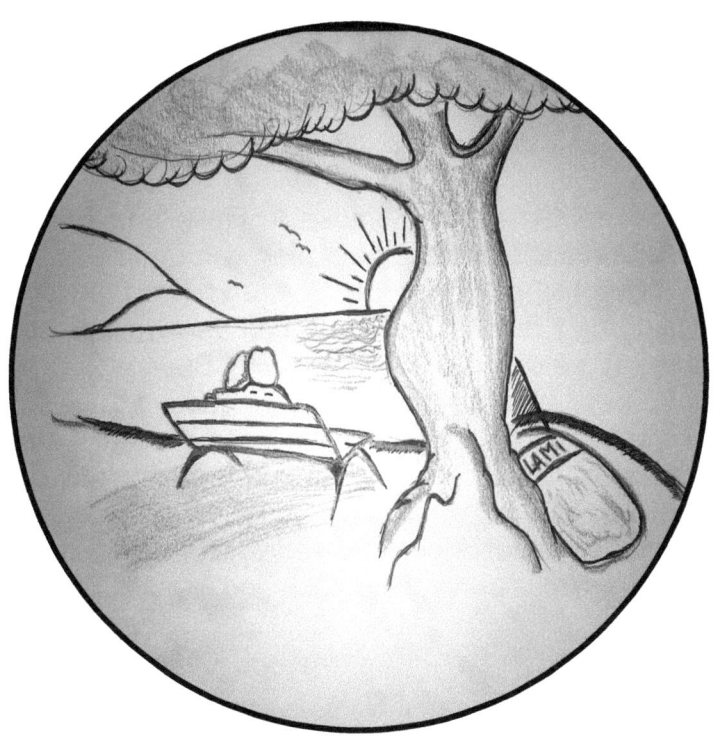

Kapitel 26 - Freude des Überstandenen mit Blick in die Zukunft
Lied: Beethoven: Sinfonie No. 9 D-Moll op.125

Voller Tatendrang schickten sich die Eltern an ihr beider Leben auf den Kopf zustellen und Veränderungen am Haus und Garten vorzunehmen. Das ganze Haus wurde renoviert und umgestellt. Viele Dinge wurden weggeschmissen oder einem anderen Nutzen zugeführt. Lediglich eine kleine Ecke wurde mit Erinnerungen an Lami entsprechend geschmückt. Auf einer kleinen Kommode war dort ein Bild von Lami abgestellt und umringt von Rosenblättern, einer Kerze und Glückssteinen. Beide Eltern hatten von sich ein kleines Buch dazugelegt in dem sie aufgeschrieben haben wie sie den Tod erlebt und den Verlust überstanden haben. Auch das Buch aus dem beide ihrer Tochter jeden Abend eine Gute Nacht Geschichte vorlasen, lehnte auf der Kommode an der Wand.

Im Garten wurde Obst und Gemüse in Hülle und Fülle angebaut. Nicht nur für den Eigenbedarf, nein sie verkauften davon einen Teil auf dem wöchentlichen Markt im Dorf und knüpften somit wieder mehr Kontakt und Freundschaften. Bei all dem Trubel am Haus und der Heiterkeit wuchsen die Sträucher und Büsche gar prächtig als wären sie von der positiven Wandlung angesteckt und lebten ihrerseits im höchsten Glück. Die Tiere die Lami so sehr lieb gewonnen hatte trauten sich nun auch ohne Lami näher ans Haus und besuchten die Eltern dann und wann. Ja sie ließen sich sogar von ihnen streicheln und vertrauten ihnen. So verlief nun jeder einzelne Tag im Einklang mit der Natur und voller Glück und Freude.

Kapitel 27 - In ewiger Erinnerung
Lied: Puccini: Turandot "Nessun Dorma"

Jahre sind inzwischen verstrichen. Die Eltern selbst sind älter geworden und leben ihrerseits ein gutes Leben. Aufgehangene Bilder und die kleine besondere Ecke sind Zeugen, das es hier einst mehr gab als nur sie zwei allein. Abends saßen die beiden gern in Wolldecken aneinander gekuschelt vor ihrem knisternden Kamin in dem die lodernden Flammen eine wohlig warme Atmosphäre schafften und Gemütlichkeit ein Dauergast war. Fasziniert sahen Sie sie in die flammen im Kamin und genossen gern einen Schluck guten Weines in Gedenken an ihre einzige kleine Tochter. Nur die Sterne und der Mond blickten dann und wann durch das Fenster in die gemütliche heimelige Stube, in der die beiden verwaisten Eltern glücklich miteinander gemeinsam auf dem Sofa vor dem Kamin in saßen.

Mit diesen Worten endete der Namenlose seine Geschichte. Er stand auf, ging zu dem kleinen Teewagen auf dem inzwischen nur noch die halb gefüllte Karaffe des goldenen edlen Nass vorhanden war. Nahm diese, ging langsam auf seinen Gast zu und schenkte ihm als auch sich noch einmal großzügig ein. "Na mein Herr, wie gefällt Ihnen diese Geschichte?" fragte in ruhigem warmen Ton der Namenlose seinen Gast, der wie erstarrt und weich in sich zusammengesunken in seinem Sessel saß. "Nun," begann der Gast ... "Ihre Geschichte ist eine die man sacken lassen muss. Sie entspricht einer emotionalen Berg- und Talfahrt die Ihresgleichen sucht. So tragisch sie auch inhaltlich ist, so erleichtert und erholsam beschreiben Sie das Ende. Sie schaffen es den Bogen zuschlagen zwischen einer schweren Traurigkeit und Depression hin zu dem Punkt an dem man loslassen kann. Sie kehren zurück zur Wiederkehr des eigenen Seins. Und das macht es einem leicht in den Alltag zurückzukehren um sich dem normalen Alltag zustellen.". "Es freut mich," sagte der Namenlose "das Sie das genau so sehen. Das zeigt mir, das ich mein Ziel zumindest bei Ihnen erreicht habe. Und wenn ich mich nicht sehr irre, dann sind Sie kein Mann der ein solches Ereignis durchleben musste. Und hoffentlich wird Ihnen so etwas auch erspart bleiben." "Nein, in der Tat ein solches Ereignis hat bislang noch nicht mein Leben durchkreuzt.", schnell klopfte der Gast sich an den Kopf als Bestätigung dafür das ihm ein solcher Schicksalsschlag erspart blieben. "Da Sie nun wissen worum es mir geht, Sie nun meine Geschichte vernommen und verstanden haben, was werden Sie mit diesem Wissen tun?" fragte der Namenlose. Sein Gast antwortete "Ehrlich gesagt, ich weis es noch nicht. Innerlich bin ich noch so aufgewühlt das ich das gehörte erst einmal verarbeiten und sortieren muss. Doch ich könnte mir vorstellen daraus ein Buch zu schreiben, um all jenen einen Ausweg zu zeigen die von einem solchen Schicksalsschlag berührt wurden. So eine Art Ansatz für eine Selbsttherapie.". Der Namenlose grinste in sich hinein und in seinen Augen war ein gewisses Glitzern zu erkennen. "Mein Herr, Sie haben alle Möglichkeiten dieser Welt, um mit dieser Geschichte anzustellen was immer Ihnen beliebt. Machen Sie etwas gutes daraus."

Der Gast machte noch ein paar letzte Notizen und packte seinen Schreibblock und Kugelschreiber in seine lederne Umhängetasche. Trank sein Glas auf einmal mit einem großen Schluck aus und erhob sich aus seinem Sessel. Der Namenlose folgte ihm und ohne ein Wort zu sprechen verließen beide den Raum und gingen zur Eingangstür. Dort verabschiedeten sie sich von einander. Der Gast bedankte sich für die Einladung, die Verköstigung und das Abenteuer, was er hier hat erleben dürfen, drehte sich um und ging den steinernen Weg hinab zu seinem Fahrzeug. "Denken Sie immer daran mein Herr." rief ihm der Namenlose noch hinterher. Der Gast drehte sich noch einmal um und vernahm die letzten Worte "Aufgeben, gilt nicht!". Verstehend winkte der Gast zum Abschiedsgruße und er hörte seine Gedanken die ihn wiederholen ließen "Aufgeben, gilt nicht!".

Inzwischen war es spät am Abend, die Nacht brach herein und am Himmel zog ein dunkelblauer fast schon schwarzer Himmel über dem Dach des Hauses und dem See herein.. Der Namenlose ging zurück in sein Zimmer, stand vor den Fenstern die zur Terrasse führten und den Blick auf den großen weiten See frei boten. Nur noch leise knisterte das Holz im Kaminfeuer. Ein kräftiges Glühen zeugte davon das der Namenlose erneut an seiner Pfeife zog als seine Frau den Raum betrat, sich an seine Seite stellte und beide wissend sich in die Arme nahmen und gen Himmel schauten, mit einem leichten Lächeln im Gesicht.

Ende

Kleine Tips und Hinweise

Nachdem Du nun meine Geschichte, es sind im Grunde zwei sorgsam gelesen hast, gebe ich Dir nützliche Tipps und Hinweise, die Dir helfen Könnten in Deinen normalen Alltag zurückzufinden.

In dem nun folgenden Abschnitt möchte ich ein paar Möglichkeiten und Wege aufzeigen, um mit der Situation des Verlustes des eigenen Kindes soweit ins Reine zu kommen, um nicht nur zu funktionieren sondern um zu leben.

Bitte habe stets im Hinterkopf das ich nicht belehrend wirken möchte sondern ich möchte Dir helfen mit ein paar Kleinigkeiten die mir geholfen haben.

1. Freunde, Kumpels und Familie

Es ist gut wenn man das alles hat aber nicht für die Situation in der Du Dich gerade befindest. Du willst und musst über das reden und Dich mit anderen austauschen was Du erlebt hast, was Dir schlimmes wiederfahren ist. Doch glaube mir wenn ich Dir sage das Dein nahes und enges Umfeld NICHT die geeigneten Gesprächspartner sind. Denn aus purer Ohnmacht weil sie selber nicht wissen wie sie mit einer solchen Situation umgehen sollen, selbst dann nicht, wenn sie es erzählt bekommen. Beginnen damit, Dich zu Bemitleiden, wollen Dich ständig in den Arm nehmen, dramatisieren obgleich Dein Erlebnis nicht schon tragisch genig wäre. Das kann soweit gehen das Du bemuttert und oder verspottet wirst. Es gibt dann aber noch jene die von Deinen Erzählungen genervt sind und Dir solche Sätze wie z. B. "Bist Du noch immer nicht darüber weg. Mein Gott das kann doch nicht wahr sein." Oder "Nun stell Dich mal nicht so an und reiss Dich etwas zusammen. Du kannst nicht immer gleich heulen nur weil ein Kind um die Ecke kommt." Du hälst solche Sprüche für absurd, kaltherzig und kannst oder willst nicht glauben das man Dir diese sprichwörtlich um die Ohren haut? Dann probiere es aus, doch sei gewarnt. Die Abgründe der Menschen insbesondere der Familie, Freunde, Kumpel und sogar Arbeitskollegen sind tief, dreckig, gemein und purer Eigennutz. Die Erklärung dafür ist ganz einfach. Um es auf den Punkt zu bringen: "Es kann nicht sein das es einem, anderen Menschen dreckiger geht als mir selbst. Ich bin der, der hier zu bedauern und zu bemitleiden ist. Auch wenn ich mir nur den Zeh gestossen habe.". Diese Argumentation steckt in Wahrheit dahinter. Und wenn Du Dich selbst das einmal fragst, dann wirst Du nicht umhin können Dir ein derartiges Verhalten ganz tief in Dir drinnen einzugestehen. Sei ehrlich zu Dir selbst. Von daher mein Tipp an Dich, suche Dir ein festes Gremium, eine Gesprächsgruppe in der alle das gleiche Thema haben.

2. Unterstützung in der Partnerschaft

Wahrscheinlich denkst Du, das Du diese Kriese allein bewerkstelligen und überstehen wirst. Sei Dir deines Irrtums gewiss. Es wird Dein grösster Irrtum sein. Du allein kannst nicht so stark innerlich gefestigt sein, das Du das alles was erst noch kommt vom Ärmel schüttelst wie ein nasses Handtuch. Und auch wenn Du in einer Partnerschaft lebst und eben mit dieser Partnerin bzw dem Partner das Kind gezeugt hast, so wird auch das unheimlich schwer zu schaffen sein. Zunächst geht jeder anders mit seiner Trauer um und hat dem entsprechend andere Bedürfnisse und Umgangsformen sich zu schützen und zu heilen. Das heisst unter anderem in einer Partnerschaft gehört nun viel mehr Disziplin dazu, da man nicht nur sich selbst sondern auch den Partner mit über Wasser halten muss um nicht gemeinsam im Strom der Trauer zu versinken. Auf der anderen seite kann gerade diese Partnerschaft das rettende Ruderboot sowohl für Dich als aich Deine Partnerin bzw. Deinen Partner sein. All das was noch kommen wird kostet enorm viel Kraft und Du brauchst noch mehr Geduld mit Dir selbst. Bei mir hat es ein Jahr gedauert bis ich einigermaßen soweit war das ich meine Situation akzeptieren konnte. Das lag aber auch nur daran das ich ununterbrochen an mir gearbeitet habe. Was ich Dir raten möchte ist, sprich viel, offen und ehrlich mit Deiner Partnerin oder Deinem Partner. Reden tut gut. Viele Inhalte werdet Ihr euch wieder und wieder gegenseitig sagen hören und jedesmal wird es ein kleines bisschen mehr Innere Heilung bringen. Jedes Wort ist wie ein kleiner Kieselstein auf Deinem Weg der Akzeptanz für Dein Leid.

3. Öffentliche Unterstützung

Da das was es zu bewältigen gilt, alleine so gut wie gar nicht zu-schaffen ist ohne dem Wahnsinn zu verfallen. Du wirst erleben wie sehr Dein emotionales Grundgerüst durcheinander geraten ist und somit für äusserst instabile Tagesformen sorgt. Empfehle ich Dir DRINGEND Unterstützung von aussen zu besorgen. Glaube mir Du wirst sie brauchen wie Luft und Wasser zum leben. Es gibt den Ver-ein der verwaisten Eltern, die sich mit Menschen beschäftigen die Ihr Kind auf welche Weise auch immer verlohren haben. Du triffst dort nicht nur auf Gleichgesinnte sindern erfährst professionelle Hilfe sowohl in Einzel- als auch Gruppentherapiegesprächen. Dort findest Du einen Ort an dem Du ganz offiziell weinen und trauern darfst. Du darfst deine Wut und Deinen Schmerz offiziell zum Ausdruck brin-gen und niemand schaut Dich böse an, macht Dir Vorwürfe oder konfrontiert Dich mit abstrusen Sprichwörtern. Diese Runden sind offen und ehrlich. Du wirst gemeinsam mit den anderen Dinge tun die Dich zum nachdenken bringen, Dich von Deinem Leid ablenken und Du wirst anderen Dein Gehör zum Tausch schenken. Schluss-endlich wirst Du feststellen das Dein Erlebtes gar nicht so selten ist wie Du bis dahin angenommen hast. Bitte nimm Dir die Zeit, fass Dir ein Herz und probiere die verwaisten Eltern aus.

4. Feststellbare Veränderungen

Im Laufe der Zeit wirst Du feststellen, wie sehr Du Dich in mancher-lei Hinsicht verändert hast, obgleich Du das nicht wolltest. Du hast es und wirst auch zukünftige Veränderungen nur mitbekommen wenn Du ein waches geistiges Auge hast und bewusst durch Dein Leben gehst. Es beginnt damit das vieles für Dich an Bedeutung verliert. Einiges was Dich kürzlich noch interessierte wirkt unschein-bar und banal. Du siehst die Welt mit anderen Augen was sich unter anderem auch auf Dein Kaufverhalten auswirkt. Für vieles wofür Du vor kurzem noch Dein Geld ausgegeben hättest, machst Du das nun nicht mehr. Du achtest mehr auf Qualit sowohl bei Kleidung als auch bei Lebensmitteln. Du beginnst damit Dir etwas Gutes tun zu wollen um Deine Trauer durch schöne Dinge in Gränzen zuhalten. Bei be-stimmten Liedern oder Filmszenen wirst Du plötzlich anfangen zu weinen, furchtbar wütend werden oder gar derart Lachanfälle die an Wahn erinnern haben, weil Dich das Gehörte und Gesehene an einer Stelle berührt wie es nie zuvor passiert ist, obgleich es mit Dir nichts zu tun hat. Wenn Du bislang eine harte Schale hattest, so wirst Du diese nun endgültig verlieren ohne das Du Dich dagegen wehren kannst. Das meinte ich damit vorhin als ich schrieb das Du die Emotionalen Berg- und Talfahrten die auf Dich lauern nicht überblicken kannst. Sie werden Dich spontan packen und mitreissen als wärst Du ein Blatt in einem rauschenden Fluss der Dich durch Felsen treibt. An dieser Stelle ergeht der Tipp an Dich: lass es zu. Lass all diese Emotionen die an die Oberfläche kommen zu. Weine, lache, schlage mit den Fäusten an die Wand oder auf den Boden, mach all diese Dinge sie werden sich vermsichen. Mach sie Dir zu eigen Lebe sie und lerne sie zu akzeptieren. Das ist in Wahrheit die einzige Chance die Du haben wirst.

5. Gestalterische Aktivitäten

Es ist nicht unbeding erforderlich ein kreativer Mensch zu sein. Doch es hilft ungemein dabei seine Gedanken kontrolliert in gewisse Bahnen zu lenken. Und wenn dann dabei noch etwas gutes als Ergebnis dabei heraus kommt, dann hat sich all die Mühe und Qual gelohnt. Manch einer beginnt mit Holzschnitt- oder Tonarbeiten. Ein amderer malt und zeichnet. Wiederum andere spielen oder produzieren den ganzen Tag Musik. Und ich, ja ich habe unter anderem dieses und ein paar weitere kleine Bücher geschrieben. Unter anderem ein Gedichtband und Kurzgeschichten. Das alles entstand aus einer tiefen Trauer, Wut und Verzweiflung heraus und lies mich schöpferisch wirken. Dadurch habe ich während meiner Schaffenskraft stetig an mein tragisches Ereignis gedacht, und habe vieles wie die Umstände als auch mein eigenes Handeln hinterfragt. Ob ich alles richtig oder falsch gemacht oder etwas vergessen habe. Das dumme daran, auf all diese Fragen die Du Dir im nachhinein stellst wirst Du keine Antwort erhalten und Dur wirst Dich damit zufrieden geben müssen, das manchmal Dinge passieren die Dir niemand erklärt, deren Antwort Dir das Leben schuldig bleibt. Und ich bin ünerzeugt davon das auch das seinen Grund hat. An dieser Stelle also kann ich Dir raten, beschäftige Dich mit irgend etwas was Dich ablenkt und dennoch über die Vergangenheit nachdenken lässt. Du wirst erstaunt darüber sein was Du schaffen kannst.

6. Die Erinnerungsecke

Wenn Du wie ich Dein Kind zu Grabe tragen musstest, dann hast Du einen Gedenkplatz in einer schönen Ecke eines Friedhofes. Doch täglich geht man dort nicht hin. Anfangs vielleicht, das ebt jedoch rasch ab. Von daher, so es für Dich eine Hilfe sein kann, baue Dir eine kleine Gedenkecke bei Dir zu Hause. Ein Ort an dem Du eine Kerze entzündest, auf dem eventuell ein Foto seinen Platz findet und vielleicht auch ein Englein dazu. Doch überlade das nicht. Es sollte kein Altar werden vor dem man kniend huldigen muss. Sondern lediglich ein kleiner feiner Platz an dem Du Dein Kind in die Mitte Deines Wohnraums rückst und ihm ein Stück Raum auch geben kannst. Jeder darf und soll sehen das Du ein Kind hast. Es ist halt nur nicht da im Sinne von körperlich anwesend. Auch ich habe einen solchen Platz in unserem Wohnzimmer. Und ich erfreue mich jedesmal daran wenn ich vorbei gehe und grüsse mit einem kleinen Lächeln. Auch das kann helfen.

Zum Schluß fasse ich noch einmal die Punkte stichwortartig zusammen die ich Dir auf Grund meiner Erlebten Erfahrungen empfehlen möchte:

1. Keine Gespräche mit Freunden, Kumpels, der Familie und Ar beitskollegen.

2. Halte an Deiner Partnerschaft fest, sie ist dein zweitbestes Standbein.

3. Besuche den Verein der Verwaisten Eltern zur professionellen Unterstützung mit Deiner Partnerin oder Partner.

4. Achte auf Dich und Deine Verhaltensveränderungen. Lass die Gefühle raus.

5. Leite Deine Trauer in eine kreative Schaffenskraft, um ein posit ives Gefühl und Erinnerungsstück zu erhalten.

6. Schaffe Dir eine Erinneungsecke in dem Du Raum für Dein Kind in deinem Leben gibst.

Die Phasen der Trauer

1. **emotionale starke Trauer**

   Spontan ohne erklärlichen Grund wird man von der Traurigkeit geradezu überfallen. Tränen rinnen in Strömen, gleich einem Monsun aus den Augen ohne das man was dagegen unternehmen kann. Dies kehrt immer wieder, oft auch in unpassenden Situationen ohne vorherige Ankündigung.

2. **Selbstzweifel**

   Nachdem man sich schon damit abgefunden hat das das Weinen zum Alltag gehört und man sich entsprechend mit einer Familienpackung an Taschentüchern ausgestattet hat, tauchen dann wie aus dem Nichts die ersten Fragen auf die einen in die Irre leiten sollen und werden. Warum ist gerade mir das passiert? Warum nicht jemand anderem? Was habe ich falsch gemacht? Was hätte ich besser oder anders tun können? Habe ich etwas übersehen? All diese Fragen werden Sie sich irgendwann selber stellen. Und es ist gewiss, auf keine dieser Fragen werden Sie eine Antwort erhalten oder finden die der Wahrheit entspricht.

3. **Wut**

   Sind die Fragen gestellt und Sie müssen feststellen keine zufriedenstellenden Antworten erhalten zu haben, dann stellt sich die Wut ein. Sie werden damit Beginnen mit sich selber ins Zwiegespräch zugehen. Sie werden Gott anklagen, auch wenn Sie nicht an einen glauben. Sie werden ehrfürchtig jemanden beschimpfen der für Sie all die Schuld und den Schmerz ohne Wiederworte anhören und annehmen wird. Und dieser Jemand wird Ihnen in stiller Ruhe mit Nichts ausser einem Nichts entgegen treten. Dieser jemand wird das sein was der Mensch für sich als Gott begreift.

4. Abstand und Gelassenheit

Bis Sie diese Phase erreicht haben wird schon einige Zeit verstrichen sein. Somit kommen Sie hoffentlich immer mehr dazu Ihre Situation aus einer gewissen Vogelperspektive betrachten zukönnen und erfahren dadurch etwas Abstand, Ruhe und Gelassenheit. Die Traurigkeit, wird weiterhin ab und an immer mal wieder, mal intensiver mal scheinbar nur oberflächlich in Ihrem Alltag vorkommen. Vielleicht schmollen Sie auch weil Sie sich sagen ich kann ja doch nichts tun und trotzen dann so vor sich hin. Diese Phase dauert solange, bis Sie wieder bereit sind an sich zu arbeiten. Vielleicht erleben Sie diese Phase auch nur kurz oder gar nicht, da Sie sie überspringen und somit in Ihrem Verarbeitungsprozess bereits weiter sind.

5. Ernüchterung, Erlösung und Vergebung

Am Ende dieser Phasen steht die Vergebung vor sich selbst und die Akzeptanz der Dinge wie sie geschahen ohne zu fragen warum und in der Gewissheit das alles seinen Grund hat. Nur das wir nicht immer erfahren werden oder sollen aus welchem Grund sich das eine oder andere ereignet hat. Die menschliche Natur neigt dazu alles und jeden kontrollieren zu wollen, ja fast schon zu müssen. Es ist fast wie ein Zwang. Doch es gibt Ereignisse die uns lehren wollen loszulassen, die uns mehr wieder zu uns und unserem Sein zurückführen wollen. Auf dieser Erde hat jeder Mensch nur ein Leben und dies gilt es bewust zuleben und auszukosten. Wer also gelernt hat loszulassen und zu akzeptieren wird ein neues Leben mit neuen Perspektiven erleben. Die Wahrnehmung wird sich verändern und auf das Wesentliche, sprich das eigentlich wichtige beschränken. Ein Beispiel könnte sein beim Einkauf auf Lebensmittel auf hohe Qualität zu achten, dafür mehr Geld auszugeben und dafür jeden Bissen vielleicht sogar mit geschlossenen Augen zu genießen. Statt dem Motto "Geiz ist Geil" das billigste und in Massen zukaufen mit all der Chemie und Ersatzstoffen. Das Einkaufsverhalten wird sich wandeln ebenso wie der Blick auf sein Leben und das der anderen. Vieles was man zuvor noch für wichtig genommen hat, wird an Bedeutung verlieren. Man wird sanfter und barmherziger als man es sich je für sich selbst hätte vorstellen können

Natürlich könnte man dennoch danach fragen und das ist durchaus legitim. Warum man Gewisse Ereignisse überhaupt erleben und erdulden muss. Nun, meine persönliche Antwort daruf lautet ganz einfach:

"Wer von Anbegin nicht achtsam mit sich selbst und seiner Umwelt umgeht. Wer stehts seinen persönlichen Vorteil aus den Nachteilen gegenüber anderen zieht. Dem wird das Leben selbst eines Tages zeigen wie klein und unbedeutsam er ist."

Epilog

Lieber Leser,

sicherlich liest Du dieses Buch weil Du es es empfohlen bekommen hast oder gar selbst in einer Situation steckst, die der hier geschilderten sehr ähnlich ist. Entschuldige das ich Dich mit Du und nicht mit Sie anspreche. Ich denke das geht wohl in Ordnung. Die hier erzählte Geschichte beruht auf einer wahren Begebenheit. Ich selbst bin ein verwaister Vater und beschreibe hier eine Situation die mir widerfahren ist. Natürlich habe ich in der Erzählung einige Dinge abgeändert um das Thema nicht noch schwerer zumachen als es als betroffener eh schon ist. Denn meine Tochter verstarb am selben Tag an dem sie geboren wurde. Es waren ganze 20 Minuten die sie hier unter schwerste Bedingen gelebt hat. Selbst Wiederbelebungsversuche waren erfolglos. Dieses Buch ist das zweite welches ich geschrieben habe um diese Thematik zu verarbeiten. Das erste ist deutlich kürzer und hat einen vollkommen anderen Stil.

Mit diesem Buch, welches Du gerade liest bzw. gelesen hast, habe ich versucht, nicht nur ein Ereignis welches jeden Treffen kann und ein maß an persönlicher Grausamkeit in sich birgt dazustellen. Sondern habe daraus eine Erzählung aus der Sicht eines Vaters geschildert. Wie er sich fühlt, was in ihm vorgeht und darüber hinaus was man tun kann um mit dieser Situation zurechtzukommen. Klar ist, es handelt sich hierbei um eine universelle Aufgabe von hoher Schwere und Tragweite. Die Wunden die man trägt werden sich niemals vollständig schließen. Lediglich die Schmerzen, die anfangs noch täglich ja sogar allgegenwärtig vorhanden sind, erscheinen später in größeren Abständen. Wenn sie aber da sind, schlagen sie mit unbarmherziger Härte zu. Sei Dir also dessen bewusst, das Du immer wieder einknicken wirst. Auch werden sich andere Dinge ändern. Solltest Du vorher einen Panzer um dich herum angelegt haben, so fällt dieser nahezu zukünftig in sich zusammen, ist nicht mehr existent oder bricht zumindest zu großen Teilen auf. Du wirst weinen. Du wirst öfter und in Momenten weinen die dich früher nicht berührt haben. Schaust Du Dir einen Film an, wird ein bestimmtes Lied angestimmt oder ein bestimmter Satz gesagt oder eine bestimmte Szene dargestellt, dann stell dich darauf ein das es sein kann das Du spürst wie sich ein Knoten in Deinem Hals bildet und der Druck in Deinen Augen steigt. Hier ist es ganz wichtig diesen Zustand nicht zu unterdrücken oder zu ignorieren. Zum Wohle Deiner Selbst und Dein eigenes Seelenheil, lass es raus ! Wenn Du weinen musst weil es Dich übermannt, dann weine ! Gestehe Dir ein und erlaube Dir traurig zu sein. Es gibt nichts wichtigeres in einer solchen Situation. Auch mich überkommt es immer wieder, mich überfällt die Traurigkeit als auch und universelle Wut. Doch dieser Druck lässt nach wenn Du akzeptierst und annimmst was passiert ist.

Dieses Buch soll auch zusätzliche Möglichkeiten und Mechanismen aufzeigen die Dir helfen können. Versuche Dir aus diesem Elend eine positiv gesteuerte Situation zu schaffen aus der heraus Du lachen kannst. Wenn Du auch zwischen den Zeilen gelesen hast, dann werden Dir einige Möglichkeiten aufgefallen sein die Du in Deinen Alltag integrieren kannst.

Dir, lieber Leser wünsche ich, das aller Beste, viel Kraft, Mut, Durchhaltevermögen und Lebenswillen um Dein weiteres Leben zu gestalten. Insbesondere dann wenn auch Du so wie ich ein verwaister Vater bist.

Meine Empfehlung darüber hinaus und Bitte an die verwaisten Mütter lautet: lest auch ihr dieses Buch, denn ihr habt hier die einzigartige Möglichkeit zu verstehen was in euren Männern für ein Sturm tobt. Und kann euch helfen euch gegenseitig eine Stütze zu sein. Mir ist bewusst, Mütter gehen vollkommen anders mit einer solchen hier geschilderten Situation um. Das sehe ich an meiner Frau, die noch heute lange nicht soweit mit ihrer Verarbeitung ist wie ich. Ich wünschte ich könnte ihre Sicht erfahren und wüste, was in ihr vorgeht damit ich sie besser verstehen kann um ihr wiederum eine bessere Stütze sein zu können. Doch leider bedarf es eines Buches welches von einer verwaisten Mutter geschrieben ist. Bis lang habe ich dazu nichts gefunden.

Ich hoffe und wünsche mir sehr das ich Dir und Euch einwenig helfen oder zumindest Denkanstöße geben konnte.

Ein abschließender Satz sei mir noch erlaubt, "Kein Vater und keine Mutter sollte jemals ihr eigenes Kind zu Grabe tragen !".

Mit den Besten Grüßen

Markus Don Alfred Gehrmann

Verliere nicht den Glauben an Dich selbst.

Liste der Musikstücke nach Kapitel

Kapitel I
Grieg, Peer Gynt Opus 23 "Morning

Kapitel II
Vivaldi, Die vier Jahreszeiten "Der Frühling"

Kapitel III
Mozart: Le Nozze Di Figaro "Ouvertüre"

Kapitel IV
Bach: Suite No.3 G BWV1068 "Air on the G-String"

Kapitel V
Delbies - Flower Duet "Lakme" - Dome e´paise

Kapitel VI
Pachelbel: Canon in D

Kapitel VII
Beethoven: Sinfonie No. 5 C-Moll op.67

Kapitel VIII
Fauré: Requiem op.48 "In Paradisum"

Kapitel IX
Tschaikowsky: Der Nussknacker - Schneeflockenwalzer

Kapitel X
Myers: Cavatina

Kapitel XI
Mozart: Clarinet Concerto in A KV622 Adagio

Kapitel XII
Grieg: Klavierkonzert A-Moll op.16

Kapitel XIII
Prokofiew: Montagues und Capulettes "Tanz der Ritter"

Liste der Musikstücke nach Kapitel (Fortsetzung)

Kapitel XIV
> Rodrigo: Concerto de Aranjuen Adagio

Kapitel XV
> Bach: Toccate D-Moll BMV

Kapitel XVI
> Grieg: In der Halle des Bergkönigs

Kapitel XVII
> Beethoven: Piano Sonata No. 14 C "Moonlight Sonata"

Kapitel XVIII
> Mozart: Reqiuem D Minor "Lacrimosa"

Kapitel IX
> Schubert: Ellens Gesang III "Ave Maria"

Kapitel XX
> Händel: "Sarabande"

Kapitel XXI
> Williams: Fantasia über Greensleeves"

Kapitel XXII
> Tschaikowsky: Schwanensee

Kapitel XXIII
> Strauss jr.: An der schönen blauen Donau

Kapitel XXIV
> Tschaikowsky: Klavierkonzert No. 1 B-Moll op.23

Kapitel XXV
> Quarantotto "Time to Say Goodbye"

Kapitel XXVI
> Beethoven: Sinfonie No. 9 D-Moll op.125

Kapitel XXVII
> Puccini: Turandot "Nessun Dorma"

Kaufempfehlung von CD Kompilationen.

Die nachfolgenden zwei CD Kompilationen möchte ich Ihnen uneingeschränkt empfehlen. Aus diesen CD Boxen habe ich meine hier verwandten Musiktitel handverlesen erwählt. Auch die Versionen der Stücke entspricht voll und ganz meinen Wünschen.

Da ich Ihnen die Musik leider nicht im Rahmen dieses Buches zur Verfügung stellen kann, möchte ich Ihnen zu mindest die Quelle meiner Wahl ans Herz legen.

Verwaiste Eltern und Geschwister Hamburg e.V.

Trauer ist ein tiefes Lebensgefühl.
Trauer ist intensive Lebenszeit.
Trauer braucht Ausdruck.

Wenn ein Kind stirbt, bricht für Eltern und Geschwister ihre Welt zusammen. Nichts ist mehr, wie es einmal war.

Wir bieten Eltern und Familien Unterstützung an, mit dieser so schweren Situation weiterzuleben. Auf lange Sicht Kraftquellen, Ressourcen und eine Perspektive in dem völlig veränderten Leben auszumachen. Gleichsam aber auch die Bindung zum verstorbenen Kind in das weitere Leben integrieren zu können.

Unser Schwerpunkt liegt dabei in der Gruppenbegleitung betroffener Eltern und trauernder Kinder und Jugendlicher. Gerade der Austausch unter gleichfalls Betroffenen trägt bei zur Entlastung durch das Teilen vieler ähnlich empfundener Fragen, Gefühle, Gedanken und Erfahrungen. Die Gruppen werden von ausgebildeten TrauerbegleiterInnen geleitet.

Wir wünschen den Betroffenen, dass sie sich in ihrer Trauer und in ihrer Liebe für das verstorbene Kind aufgehoben fühlen.

Verwaiste Eltern und Geschwister Hamburg e.V.
Bogenstraße 26
20144 Hamburg
Telefon: 040-45000914

BELLETRISTICA

Ein Platz für deine Geschichten.

Belletristica ist eine online Schreibplattform für Texte aller Arten und Genres und ein sicherer Hafen sowohl für Anfänger als auch Fortgeschrittene. Werde ein Teil einer liebevollen Community und präsentiere deine Werke einem weltweiten Publikum! Erfahre Hilfe und Unterstützung im freundlichen Miteinander zu jederzeit.

In liebevoller Erinnerung

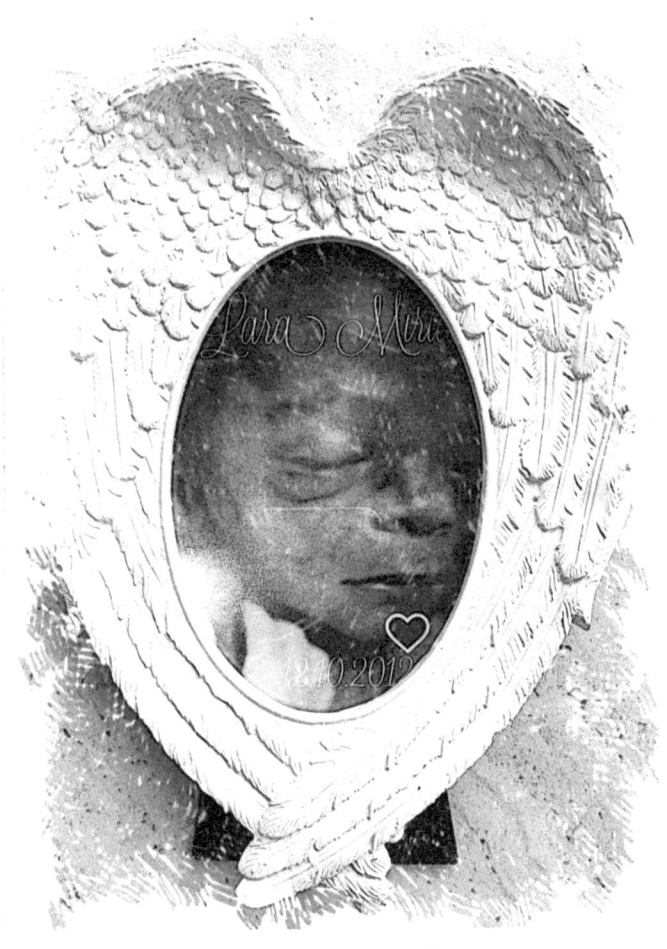

Lara Miriam Gehrmann

(12.10.2012)

Unser Traueralphabet

Hierbei geht es darum einen Satz zu beginnen mit dem jeweiligen Buchstaben des Namens des Kindes. Der Name wird von oben nach unten geschrieben und rechts davon stehen dann die Sätze deren Anfang dem jeweiligen Buchstaben des Namens entspricht.

Lara Miriam Gehrmann

IHR ERSTER UND IHR LETZTER TAG

Wer sein Kind einmal hat zu Grabe tragen müssen, weis um den Schmerz und die Trauer. Ein Solches Desaster will zunächst verstanden sein und ohne Hilfe ist das kaum zu schaffen.

Dieses Buch erzählt die Erlebnisse eines Verwaisten Vaters, wie es ihm erging, wie er sich fühlte und was er tat um in das Leben zurück zu finden. Dabei erzählt er wiederum eine angelehnte Geschicht im Dialog.

Die einzelnen Kapitel sind musikalisch mit klassischen Werken verschiedener Komponisten zu unterlegen um als Leser ein intensiveres Empfinden zu erlangen.

Es gehr hier nicht um Vergessen und Verdrängung, sondern darum seine Situation zu akzeptieren und zu einem POSITIVEN Abschluss zubringen.

9 783746 028408

Weitere bisher erschienene Bücher sind:

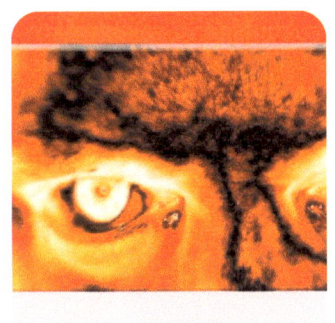

Mama-Gei und Papa-Gei auf dem geflügeltem Weg der Liebe

Eine Liebesgeschichte zweier blauer Aras die auf zu unterschiedlichsten Zeiten auf dem selben Baum einzogen und sich als blosse Nachbarn kennen, lieben und schätzen lernen. Da einer von beiden eine vollständige Familie mit sich bringt, ist klar das dieses Abenteuer nicht ohne Folgen bleibt. Und so wird es turbolent.

Gedichtband

Dies ist eine Sammlung meiner frühen Gedichte aus Kindheitstagen. Enthalten sind Gedichte die zum Schmunzeln und auch zum nachdenken anregen. Einige Werke sind sicherlich einwenig holprig da die Werke von frühester Zeit sind.

Weitere bisher erschienene Bücher sind:

Von hier nach dort in nur einem kurzen Augenblick

Dieses Buch ist der erste direkte Umgang und der Versuch der Verarbeitung des Verlustes unserer Tochter und ist als vorhergehendes Werk zu dem Ihnen nun vorliegenden zu sehen. In diesem Buch gibt es die hier beschriebenen Kapitel mit den gleichen Musiktiteln als Begleitung, ist jedoch deutlich direkter und beinhaltet keine weitere Verarbeitung. Es ist der erste emotionale Impulse nach den Ereignissen.

Weitere Informationen zu aktuellen Werken und zukünftigen Projekten können Sie über meine offizielle Webseite in Erfahrung bringen. Über einen kleinen Shop-Bereich kann man meine Bücher dort auch als Ebook direkt erhalten bzw. über entsprechende Links zum Beispiel bei Thalia oder Amazon bestellen.

www.mdag.jimdo.com

oder gehen Sie auch gern direkt auf meine Facebookseite:

https://www.facebook.com/mdagehrmann/

"AUFGEBEN, GILT NICHT!"

(Markus Don Alfred Gehrmann)

®

FSC

www.fsc.org

MIX

Papier aus ver-
antwortungsvollen
Quellen

Paper from
responsible sources

FSC® C105338